国家自然科学基金项目成果 · 管理科学文库

Triggering and Development of the Relationship Oscillation between Organizations Involved in Construction Projects and Its Influence on Project Performance

工程项目组织间关系震荡触发演化机理及其对项目绩效影响研究

钱琴珍 著

中国财经出版传媒集团

经济科学出版社
Economic Science Press

·北 京·

图书在版编目（CIP）数据

工程项目组织间关系震荡触发演化机理及其对项目绩
效影响研究/钱琴珍著 . －－北京：经济科学出版社，
2024. 6
ISBN 978 － 7 － 5218 － 5840 － 2

Ⅰ.①工…　Ⅱ.①钱…　Ⅲ.①基本建设项目－项目管
理－研究　Ⅳ.①F284

中国国家版本馆 CIP 数据核字（2024）第 083537 号

责任编辑：胡成洁
责任校对：蒋子明
责任印制：范　艳

工程项目组织间关系震荡触发演化机理及其对项目绩效影响研究
GONGCHENG XIANGMU ZUZHI JIAN GUANXI ZHENDANG CHUFA YANHUA
JILI JIQI DUI XIANGMU JIXIAO YINGXIANG YANJIU

钱琴珍　著
经济科学出版社出版、发行　新华书店经销
社址：北京市海淀区阜成路甲 28 号　邮编：100142
经管中心电话：010 － 88191335　发行部电话：010 － 88191522
网址：www. esp. com. cn
电子邮箱：espcxy@ 126. com
天猫网店：经济科学出版社旗舰店
网址：http：//jjkxcbs. tmall. com
北京季蜂印刷有限公司印装
710 × 1000　16 开　10 印张　170000 字
2024 年 6 月第 1 版　2024 年 6 月第 1 次印刷
ISBN 978 － 7 － 5218 － 5840 － 2　定价：48. 00 元

国家自然科学基金项目成果·管理科学文库

出版说明

经济科学出版社自 1983 年建社以来一直重视集纳国内外优秀学术成果予以出版。诞生于改革开放发轫时期的经济科学出版社，天然地与改革开放脉搏相通，天然地具有密切关注经济、管理领域前沿成果、倾心展示学界翘楚深刻思想的基因。

改革开放 40 年来，我国不仅在经济建设领域取得了举世瞩目的成就，而且在科研领域也有了长足发展。国家社会科学基金和国家自然科学基金的资助无疑在各学科的基础研究与纵深研究方面发挥了重要作用。

为体系化地展示国家社会科学基金项目取得的成果，在 2018 年改革开放 40 周年之际，我们推出了"国家社科基金项目成果经管文库"，已经并将继续组织相关成果纳入，希望各成果相得益彰，既服务于学科成果的积累传承，又服务于研究者的研读查考。

国家自然科学基金在聚焦基础研究的同时，重视学科的交叉融通，强化知识与应用的融合，"管理科学部"的成果亦体现了相应特点。从 2019 年开始，我们推出"国家自然科学基金项目成果·管理科学文库"，一来向躬耕于管理科学及相关交叉学科的专家致敬，二来完成我们"尽可能全面展示我国管理学前沿成果"的夙愿。

本文库中的图书将陆续与读者见面，欢迎国家自然科学基金管理科学部的项目成果在此文库中呈现，亦仰赖学界前辈、专家学者大力推荐，并敬请给予我们批评、建议，帮助我们出好这套文库。

经济科学出版社经管编辑中心

2019 年 9 月

本书为国家自然科学基金青年项目"工程项目网络组织关系震荡的触发、演化及修复策略研究"（项目编号：71902132）研究成果

序

在工程建设领域，普遍存在由相互关联的项目形成的项目网络，如城市基础设施项目群网络、供应链合作关系下形成的工程项目网络等。由于工程项目的不确定性及复杂性，工程项目组织关系震荡的触发是一个过程，而不是普遍认为的一个突发事件。项目执行过程中大量的关系风险因素相互作用、慢慢发酵，导致双方机会主义倾向增加；当某一关键触发事件发生时，将导致隐藏在双方所维持的表面友好下的关系风险，触发关系震荡。工程项目网络中某一项目的组织间关系发生变化，将会传导扩散到网络中其他项目的组织关系，阻碍整体项目的进行。因此，深入探究工程项目组织关系震荡触发的演化过程及其边界条件，揭示其对项目成败的作用机理，对于工程项目组织有效地管理合作关系网络、保证网络中各项目的顺利完成具有重要的理论价值及指导意义。

本书立足于工程建设行业的发展现状和实际需求，聚焦于工程项目网络这一现实背景，针对嵌入于项目网络的组织关系，探究关系震荡的触发、演化机理。在构建工程项目组织间关系影响因素的结构解释模型基础之上，梳理关系震荡因素的层次关系；聚焦对组织关系具有关键作用的机会主义行为，分别从风险感知和调节聚焦两个视角，采用结构方程模型方法，探讨引发工程项目组织采取机会主义行为的机制；通过多 Agent① 建模仿真方法，构建项目组织关系破裂触发的仿真模型，动态演绎组织关系的演化过程；基于纵向案例研究方法，考虑项目嵌入的永久性组织对组织间关系发展的影响，从微观角度跨层次地揭示了项目组织间关系震荡发生和发展过程，以及其对项目结果的影响机理。

本书为作者主持的国家自然科学青年基金项目研究成果。研究期间，作者获得国家留学基金委的支持，赴柏林自由大学访学，在 Jörg Sydow 教授指导下完成了第 5 章的撰写。在此感谢国家自然科学基金委和国家留学基金委的资助，感谢 Jörg Sydow 教授的指导，感谢经济科学出版社编辑们对本书出版付出的辛勤劳动。

本书由天津财经大学钱琴珍策划、统稿。天津财经大学硕士研究生于淼淼、赵王鑫及本科生高泽聪参与了初稿部分章节撰写。其中，第 1 章执笔人为钱琴珍、赵王鑫；第 2 章执笔人为于淼淼、钱琴珍、高泽聪，第 3 章执笔人为钱琴珍、赵王鑫，第 4 章执笔人为于淼淼、钱琴珍，第 5 章执笔人为钱琴珍。另外，在本书校对工作中，天津财经大学研究生孙慧莹及本科生邵杰作出了很大贡献，在此表示衷心感谢。

笔者在本书创作过程中，参阅和引用了相关资料和论著，在此向有关作者表示衷心的感谢。鉴于笔者水平有限，本书难免存在不妥之处，敬请读者批评指正。

钱琴珍

2024 年 1 月 14 日

---

① 一般译为主体或智能体。

CONTENTS

第1章 导　　言

1.1　研究背景与意义

在工程建设领域，项目由于参与组织之间的关系或项目产品结构之间的关系而相互关联，普遍存在由相互关联的项目形成的项目网络，如城市基础设施项目群网络（崇丹、李永奎和乐云，2012）、复杂艰巨项目的子项目网络（Manning，2017）、供应链合作关系下形成的工程项目网络等（Winkler and Schemitsch，2010）。而且，目前我国及"一带一路"共建国家的社会经济发展对大型基础设施建设有迫切需求，加之为减少交易成本，项目合作伙伴关系、项目联盟备受推崇，项目网络在工程建设领域非常普遍。但工程项目网络中各组织间关系的复杂性剧增，给项目管理理论与方法带来了重大挑战（Mok et al.，2015）。

工程项目网络中各参与组织之间合作关系相互约束、牵制，网络中某一项目的组织间关系发生变化，将会传导扩散到网络中其他项目的组织关系（DeFillippi and Sydow，2016）。而工程项目网络与参与的组织关系网络相互嵌入，项目组织关系网络的变化对项目网络会产生重要的影响。但是，工程项目的不确定性及复杂性，加之项目组织间的权力地位不对等，导致项目组织在项目执行过程中面对大量的关系因素（如利益分配、风险分配不合理、双方沟通不畅等），这些因素相互作用、慢慢发酵，导致双方机会主义倾向增加，关系风险增大；当某一关键触发事件（如设计变更或政策、施工条件等外在环境变化）时，将导致隐藏在双方所维持的表面友好（特别在中国"面子"文化背景下）下的关系风险发生，某一合作方出现侵犯关系契约等损害双方合作关系的行为，致使信任受损，进而导致双方关系失稳、恶化，面临关系解散的危机，由此，单一项目的组织之间关系震荡被触发（如图1-1所示）。而在当今信息透明化的环境下，项目网络中某一组织违背关系契约的不道德行为极易在网络中被传播，导致该组织的声誉受损，进而影响该组织在其他项目中的合作关系（Ebbers and Wijnberg，2010）。

对于因工程项目产品功能或者结构关联而形成的项目网络，其中某一个关键项目由组织关系受损引发临时中断，可能导致网络中的项目整体中止，影响项目网络其他组织之间关系，造成项目网络组织关系整体发生震荡（如图 1 - 1 所示），进而阻碍整体项目的进行（文艳艳等，2017）。由此可见，关系震荡现象在工程项目执行过程中非常普遍（Kam，2009）。对关系震荡的研究已成为工程项目网络组织发展的现实问题。

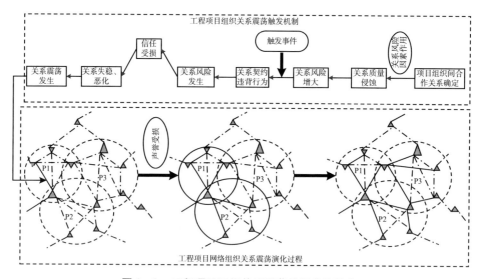

图 1 - 1　工程项目组织关系震荡的触发和演化

1.2　国内外研究动态

1.2.1　项目组织间关系震荡触发机制研究

项目组织间关系震荡的触发源于某一组织关系受损恶化或者震荡。项目组织间关系的受损或震荡是指项目参与方对关系的忠诚度或者合作意愿减弱甚至有退出关系的意向；项目组织关系受损是由一系列因素共同作用产生的（Jones et al.，2011）。谷民崇（2017）通过剖析政府和社会资本合作（Public-Private-Partnership，PPP）模式下政府、企业以及资本方在合作过程中的主体行为选择，指出政府政策承诺变异、企业初衷约定变异、风险分担意识弱及利益相关者职责和权限的划分不明确是导致双方合作关系震荡的关键因素。泰克西姆等（Takashima et al.，2010）认为 PPP 项目中法规短板与政治风险、技术经济风险容易诱发合作困境（Takashima et al.，2010）。亓霞、柯永建和王守清（2009）等通过 16 个失败案例得出政府决策与信用缺失、不可抗力、收益不足等 13 类风险导致 PPP 项目合作关系震荡。约翰等（Jones et al.，2011）认为违背关系规则的行为会导致合作关系的受损。陈菲琼和虞旭丹等（2010）指出导致关系供应链中组织关系断裂的原因是合作分配、合作方式的不公平引发的信任受损。类似的还有，弗兰德等（Friday et al.，2018）通过对关系风险、合作风险相关文献的梳理，指出风险分配规则，流程标准化，共同决策，利益分配等会降低关系风险的发生。以上文献主要从风险利益分配、行为、绩效、信任等方面提出了项目组织间关系受损的触发因素，为分析工程项目组织间关系震荡触发因素提供参考，但未研究工程项目组织关系震荡触发的机制。现有文献对项目组织间关系震荡触发机制研究较少，有学者基于冲突、争端、关系理论，采用过程模型，从理论上分析了工程项目冲突和争端的起因及随着时间发展冲突和争端如何降低参与组织之间的关系质量的过程（Jelodar et al.，2015）。此研究对分析项目组织关系受损的触发机制研究具有重要的借鉴意义，但其只从理论上进行了阐述，缺乏实践的验证。威廉姆森等（Williams et al.，2015）则通过问卷调查方法验证了项目执行的绩效和交付绩效不佳会降低与业主的关系质量导致合作关系受损甚至失去未来合作机会。通过有关项目组织关系受损的文献研究发现，大多数学者关注关系受损修复或者关系受损对项目绩效的影响，对关系受损的触发机理研究较少，因此，本书拟在现有文献的基础之上，系统地整理关系受损的触发因素，深入地探索各触发因素对工程项目组织间关系震荡的协同作用关系。

1.2.2　组织网络关系震荡演化分析

国内外学者对社会网络背景下组织关系演化主要采用社会网络分析、复杂网络分析、演化博弈等方法进行研究。翰林等（Halinen et al., 1999）开创性地提出了商业网络的动态性，根据间断平衡理论提出了一个网络动态变化的分析框架，并指出由关键事件导致二元关系的变化不仅自身会演化，而且会传导至网络的其他关系中，引发网络中关系的波动。在此基础之上，许多学者对组织间关系的演化做了进一步的探索。韩亚品和胡珑瑛（2014）基于演化博弈理论和混沌理论，建立了创新网络中组织间关系信任演化模型，分析了欺诈、违约、延期等行为对关系信任演化方向的影响。朱伯（Zuber, 2015）采用动态社会网络分析，分析了网络关系是如何随着某一组织的不道德行为如何在网络中组织间的传播而发生，发现不道德行为的传播会对社会网络关系会产生负面效果，导致关系随着传播发生变化。游洋（2018）基于构建 PPP 利益相关者动态关系质量系统动力学（SD）模型，并以某省高速公路项目数据为基础，在不同风险源及不同风险强度作用下，对 PPP 利益相关者关系质量进行仿真分析，探究其动态变化。还有学者采用单案例分析了非营利组织网络背景下非营利性项目组织间二元关系随着时间的演化过程（Isett and Provan, 2005）。维斯科尔等（Verschoore et al., 2015）针对小企业网络合作关系的发展，采用社会网络分析方法结合纵向研究，分析了合作关系的演化过程及合作方式的改变历程，为有效促进小企业间的合作提供借鉴。以上对组织间关系网络的演化发展成果为研究过程项目网络背景下组织关系的演化提供了参考。

在项目网络背景下，安蒂卡等（Faems et al., 2008）研究了同一对联盟合作企业的关系质量在两个序贯项目中的变化过程，通过分析关系治理和合同治理的协同演化，即合同内容对信任动态的影响，对两个序贯项目的组织关系质量变化进行分析，提出双方在前一个项目中的关系质量会影响在后一个项目中的关系质量。方炜和牛婷婷（2017）通过梳理相关研究文献，总结出产学研项目利益相关方关系网络演化的 12 个驱动因素，在此基础上构建了产学研项目利益相关方关系网络演化的动力模型。张连营、汪炼念和谷李忠（2015）以合作关系质量作为衡量和反映参与方合作关系的指标，建立业主、承包商、设计方三方之间关系网络中合作关系质量在建设工程项目不同阶段的演化模型，并在文献研究、调查访谈和问卷分析基础上对此演化过程进行分析研究，提出参与方之间合作关系质量随项目进展逐渐下降。钟云等（2015）以 PPP 项目利益相关方的关系演化为研究对象，提出 PPP 项目利益相关方关系演化

的外部环境变化、利益均衡分配、信任水平和惯性约束等因素，得出动力因素
与关系演化相互作用的路径以及路径系数，验证了 PPP 项目利益相关方关系
演化动力的整体结构关系。文艳艳等（2017）采用复杂网络方法模拟大型复
杂项目的利益相关方网络关系演化过程，对不同扰动因素下大型复杂项目网络
的稳定性进行仿真分析。以上研究主要集中于项目组织关系随着时间的演化过
程，对关系变化在空间上的演化过程即关系如何在相邻的组织关系间扩散、传
导的研究还不充分，特别是对关系不利事件发生后触发的项目组织间关系震荡
的演化过程缺乏研究。

　　有少量学者关注了关系震荡的演化。琳娜等（Lynch et al.，2014）针对新
产品联合研发项目中制造商和供应商的合作关系，研究冲突事件如何在这二元
合作关系中恶化转变为关系危机（有中断合作关系的风险），以两个实际案例
的纵向研究，进一步分析了关系危机的演化发展过程及相应的应对策略。该研
究仅关注二元关系，而针对多元组织网络关系中关系受损事件发生后在网络中
的演化。卡斯特尔弗兰奇（Castelfranchi，2012）认为在关系网络中某一信任
关系发生崩塌后会发生涟漪效应，引发整个网络关系的震荡，并从理论上提出
了网络关系震荡的一些基本传导演化机制，为关系网络中信任危机的传导和演
化的仿真模拟提供参考。基于类似的理论观点，博齐克等（Bozic et al.，2019）
也指出若行业中某一企业与顾客的信任关系受损，将导致顾客对整个行业的信
任危机，即信任危机会在整个行业的网络中发生横向扩散，导致顾客对整个行
业的质疑，从而让其他顾客认为同行业的其他组织也需要采取适当的关系修复
措施。以上文献对二元合作关系受损及组织网络关系震荡演化的研究表明，探
索关系不利事件的发展演化过程是组织间关系管理的关键，为研究项目网络
中组织关系震荡的演化提供参考和基础，但对关系受损的演化及其在组织网
络关系中的扩散传播机理研究还不充分，且未关注项目网络背景下组织关系
震荡的演化。项目网络中组织关系具有一般组织关系的特征，加之项目本身
的一次性及复杂性以及项目之间的关联性，使得对其的研究更具特殊性。因
此，深入研究工程项目组织间关系震荡的演化机理，揭开关系震荡演化的黑
箱，对系统地维持项目组织间关系的稳定，保证社会经济发展中各项目的成
功至关重要。

1.3   研究内容及创新之处

1.3.1   研究内容

1. 工程项目组织间关系震荡影响因素分析

在分析工程项目组织间关系影响因素相关文献基础之上，识别出关系因素，如利益风险分担机制不合理、合同条款有误、合同执行力度差、声誉机制不健全、信任水平低等因素；通过访谈法及问卷调查，进一步完善因素体系并进行测度。在此基础上，建立 ISM（interpretative structural modeling）模型，通过 MICMAC（matrices impacts croises-multiplication appliance classement）分析将各因素进行层次分析，研究关系因素相互作用以及所引发的关系震荡变化过程，为之后的仿真演化提供基础。

2. 机会主义行为下工程项目组织间关系震荡发生机制研究

机会主义行为是引发关系震荡的重要影响因素，因此有必要探讨引发项目组织采取机会主义行为的机理。本书从两个不同的视角开展实证研究，一项研究从风险感知的视角探讨业主直接权力诱发承包商机会主义的机理；另一项研究从项目组织的特征出发，探讨调节聚焦对机会主义行为的作用机理。这两项研究通过探讨机会主义行为的发生条件，进一步揭示工程项目组织间关系震荡的触发机制。

3. 工程项目组织间关系震荡的演化研究

基于前文得到的要素间因果关系和关键因素，构建项目组织关系破裂触发的仿真模型，通过多 Agent 建模仿真方法，以业主和承包商之间关系为例，动态演绎关系震荡的演化过程以及关系震荡的因素和关系震荡发生的导火索事件对关系震荡触发的影响。通过对关系震荡进行仿真演化，直观地再现关系震荡触发及发展过程。

4. 协同创新项目组织间关系震荡与项目的不完美——基于合法性与灵活性的张力视角

首先，对创新型项目的不完美、合法性与灵活性的张力以及关系震荡进行理论阐述。其次，通过纵向案例研究，基于现有理论，结合纵向的案例数据，探究项目进行过程中合法性与灵活性的矛盾张力变化，提出由二者之间张力失衡导致组织间关系震荡的机制；同时，考虑项目嵌入的永久性组织对组织间关系发展的影响。最后，基于实践理论，深入项目组织中跨边界人员日常的项目管理实践行为，从微观角度跨层次地揭示项目组织间关系震荡发生和发展过程以及其对项目结果的影响机理。

1.3.2　创新之处

通过对照现有理论、技术方法和手段进行梳理，本书的创新点具体可归纳如下。

（1）立足于工程建设行业的发展现状和实际需求，聚焦于工程项目网络这一现实背景，针对嵌入于项目网络的组织关系，研究其关系震荡的触发、演化机理，研究内容反映了当前工程项目网络化对项目管理提出的新诉求，对于工程项目组织有效地管理合作关系网络、保证网络中各项目的顺利完成具有重要的理论价值及指导意义。

（2）工程项目组织间关系复杂，影响关系质量的因素众多，但目前鲜有学者将关系因素进行系统的归纳。本书试图弥补这一空白，即通过文献分析法和专家访谈法对关系震荡因素进行分析整理，并构建 ISM 模型进行层次分析，为进一步研究项目组织间关系震荡的触发机制做了铺垫。

（3）揭示组织间关系震荡触发演化过程。现有文献往往只针对关系质量、关系稳定对绩效的影响，或者作为一种非正式的治理手段，停留在关系的正面作用研究，而对关系的消极面（关系失稳、恶化）研究较少，更缺少对关系失稳震荡的触发演化过程研究。通过将成熟的组织研究领域和项目管理领域相融合，本书结论有助于完善工程项目网络背景下项目利益相关方管理的相关理论。

（4）聚焦于对组织间关系起关键作用的机会主义行为，考虑到业主与承包商之间权力不对称虽在实践中广泛存在，但现有文献对此关注较少。本书引入风险感知作为中介变量，揭示业主的直接权力对承包商机会主义行为的作用机理，拓宽了工程项目管理中研究机会主义前因的边界。本书还结合权力理论，对风险感知提出了新的见解，指出在共同愿景的良性关系氛围下，承包商可能会感知到更少由业主的直接权力引发的关系风险。总的来说，本书基于机会主义视角探索关系震荡的触发机制丰富了组织间关系震荡的研究路径。

（5）组织研究领域已有学者提出永久性组织和临时性组织（项目）之间存在相互作用关系，但是在项目管理领域相关的实证研究较少，且较少有研究基于实践理论，深入组织管理及项目管理的日常实践行为，从微观层面揭示关系震荡发生及发展过程。基于纵向案例研究方法，本书开创性地提出合法性与灵活性这一对矛盾张力，刻画出项目嵌入的永久性组织对项目组织间关系发展的影响过程，以及关系震荡对项目结果的作用。

第 2 章　工程项目组织间关系
震荡的影响因素分析

2.1　引　言

工程项目组织间关系错综复杂，具有极高的不确定性，项目组织间关系震荡发生概率较高。国内外有关组织间关系震荡的文献从不同的角度和侧重点对项目组织间关系展开研究；但鲜有学者将关系震荡影响因素进行系统的整理归纳。例如，以主体行为选择为视角，有学者提出风险分担意识弱、利益相关者的职责不清是导致双方关系震荡的关键因素（谷民崇，2017）；基于双方合作视角，合作中目标不一致、缺乏信任、问题未能及时沟通解决、缺少绩效评估以及双方为共同项目所作持续改进不足都可能成为触发关系震荡的关键（Meng，2012）；在关系供应链中，最终导致组织关系震荡的是由合同执行力度差、存在利益冲突引发的信任受损（Wang et al.，2014）。此外，还有学者提出关系震荡往往是诸多因素在一段时间内持续、综合作用的结果，并且关系破坏比关系建立更容易发生（姚琦，2011）。现有相关文献研究成果有助于从不同角度理解工程项目组织间关系震荡的内在机理。然而，已有研究缺乏对这些因素进行系统性的整理，导致对该问题的理解碎片化，不利于把握工程项目组织关系震荡的复杂性和动态性。特别是关系震荡的触发具有时滞的演化过程，全面地归纳现有文献识别出的因素并分析因素之间的关系，不仅有助于更好地把握关系震荡的触发机制，还有利于对关系震荡演化过程进行更深入的研究。

鉴于此，本章首先通过文献分析法提取关系震荡的影响因素和导火索事件，通过专家访谈法确定了合同内容不完整、信息不对称、合同执行力度差等15 个影响因素及拖欠工程款和拖延工期两项导火索事件，随后通过 ISM-MIC-

MAC 分析对因素进行层次划分和分类，并进一步确定关键性、根本性因素。为后文基于 Agent 仿真分析关系震荡触发的动态机制提供支持。

2.2　工程项目组织间关系震荡因素识别

2.2.1　对关系震荡因素清单识别——基于文献分析法

本章主要集中于工程项目参与方关系震荡影响因素作用机理，通过知网、Web of Science 数据库、百度学术等平台，以"工程项目参与方""项目合作伙伴""影响因素""关系治理""关系质量""合作中止""关系风险"和"信任违背"等关键词，按照相关性与科学性原则，筛选出与本书内容相关的核心期刊文献，共 51 篇，其中外文文献 31 篇、中文文献 20 篇，提取出各类影响因素及导火索事件。具体内容如表 2 – 1 所示。

表 2 –1　　　　　　　　　关系震荡因素提取分析

编号	学者	研究概况	一级影响因素	二级影响因素（如一级影响因素的测量维度或者前因等）
1	谢阳等（Yang et al.，2020）	以从制造商调查中收集的数据，进行验证性因素分析和路径分析，探讨供应商关系质量对减少机会主义和促进交换伙伴之间合作的影响	机会主义行为	合同的规范性、企业声誉、相互依赖关系
			合作方关系质量	对关系的长期取向、对关系的满意度、从关系中获得的利益或价值
2	徐静等（Xu et al.，2021）	从结构化理论的角度，研究了信任的发展，表明信任是由建立信任的结构相互作用产生的	信任度	感知信任度、互动信任度、能力信任度
3	艾哈迈德等（Alimadadi et al.，2019）	基于关系辩证法，通过单一案例来说明组织间的内部因素对关系变化的影响机理	关系多元化干扰、企业自身资源可用性、合同变更	——

编号	学者	研究概况	一级影响因素	二级影响因素（如一级影响因素的测量维度或者前因等）
4	帕尔加等（Pargar et al.，2019）	确定了对项目联盟背景下创造的价值有很强影响的四个过程：工作进展、返工、重新设计和创新以及重新安排	合作成本	——
			合作效益	合作效率、质量
			信任度	——
5	莫利纳莫莱丝等（Xavier Molina-Morales et al.，2015）	阐明了邻近维度之间可能产生的有害影响和互补性，揭示了认知和机构邻近维度对集群晚期建立联系的负面影响	认知接近	互动学习、知识共享
			社交接近	社会关系：友谊、亲情、经验
			体制接近	硬制度因素（法律和规则）、软制度因素（规范、价值观）
6	曹植和露明娜（Cao and Lumineau，2015）	合同、信任和关系规范共同提高了满意度和关系绩效，减少了机会主义行为	信任、关系规范	——
7	曹特和阿瑞亚（Della Corte and Aria，2014）	确定公司间有可能从困难和复杂的关系（在互信不明显的情况下）过渡到恢复和重新定位的过程。以坎帕尼亚地区的两个具体领域提供了为例，检验拟议的理论模型，确定了合作伙伴的重要性	结构维度（社会关系和网络之间的联系）	关系依赖程度、网络结构、合作伙伴的个人态度
			关系维度（互动过程中形成的信任水平）	主动交流
			认知维度（支持各方相互理解的资源）	知识共享、合作企业公开透明
8	拉霍恩等（Strahorn et al.，2013）	研究了以"痛苦分担/收益分担"原则为基础的联盟建设项目信托形成和维持，以可识别的个人属性、态度和行为界定信任，之后通过访谈编码建立信任理论模型，证实了信任层面的相关性	项目利益相关者的初步意图	——
			信任程度	可靠的行为、沟通能力、正直和诚实、对不确定性和风险的接受程度、不透明行为、不平衡的风险分配
			利益相关者关系	定期且开放的沟通交流、工作环境之外的互动、相互信任

编号	学者	研究概况	一级影响因素	二级影响因素（如一级影响因素的测量维度或者前因等）
9	孟宪海（Meng, 2012）	确立了供应链关系关键指标：共同目标、得失共享、信任、无责备文化、共同工作、沟通、解决问题、风险分配、绩效衡量和持续改进。通过问卷调查，探索建筑供应链关系的具体特征，评估它们对项目绩效的影响	合作时间延长	设计变更、劳动生产效率低、规划不足、资源短缺
			信任度	—
			有效的沟通交流	—
			风险分配	相关法律法规不完善、合同条款规定不明确、风险分担不合理
10	戈登等（Gedeon et al., 2009）	个人关系在冲突化解过程中起着催化剂、沉淀剂和减轻因素等作用	个人关系	解决冲突、关系依赖
11	平托等（Pinto et al., 2009）	通过已有文献，结合能力和诚信，利用回归和路径分析，研究了能力和诚信对增强业主/承包商关系和项目成功的不同影响	信任度	演算信任（基于假设）关系信任（基于了解）制度信任（基于身份）
12	蒂萨默和阿曼（Tidström and Åhman, 2006）	基于芬兰奥斯特罗博尼亚地区建筑业的纵向案例研究，确定结束合作关系的三个层面根本原因和阶段：外部、关系和组织	外部原因	经济衰退
			关系原因	关系依赖、信任程度
			组织原因	公司规模、财务状况
13	艾丽丝（Ellis, 2006）	概述了终止倾向的中介模型，利用维持现状的转换和机会成本之间的张力，研究了转换激励因素和威慑因素如何相互作用，以使平衡转向或远离终止倾向	外部因素	环境的不确定性
			关系因素	合作伙伴的可替代性、目标不一致
			公司、产品因素	公司规模、公司的市场声誉、公司的生产水平、对特定关系的投资
14	皮特森（Pettersen, 2002）	从组织间和人际层面的关系专有性投资这一多层次的角度讨论了特定关系投资及其对业务关系解除可能性的影响。提出了组织和组织间的维度，以缓和关系专有性投资对解散的影响	专有的关系投资	—
			组织结构联系与人际关系	组织的集中化和正规化程度、组织的包容性水平、组织规模
			关系的历史或长度	—

编号	学者	研究概况	一级影响因素	二级影响因素（如一级影响因素的测量维度或者前因等）
15	吉勒和马特（Giller and Matear，2001）	文献通过案例研究说明了公司间关系终止的复杂性，以不同的社会学观点进行阐述，每种终止情况都是不同的关系因素组合，使终止过程和可以使用的终止策略复杂化	组织关系不对称、对合作的满意度、替代品的质量、公司的投资规模	—
16	林艺馨和张慧瑾（2020）	运用假设检验法，通过问卷调查收集数据，进而进行有效度检验，最终从合同治理与关系治理两个方面研究了其对承包商的合作行为的影响	合同治理	合同完整性、明确性、执行度
			关系治理	沟通、承诺、灵活性、信任
17	张剑渝和樊志文（2019）	假设认知冲突以及情感冲突对合作关系质量的影响，通过假设检验研究了相关影响因素作用机理	认知冲突、情感冲突	合作性策略、竞争性策略
18	骆亚卓（2017）	通过文献分析法，梳理关系治理、合作关系等研究现状，分析相关因素，对研究现状提出了建议	信任、交流、信息共享	—
19	张连营、汪炼念和谷李忠（2015）	通过文献分析和调查问卷，回顾确定了 IPD 模式卜合作关系质量的评价指标，之后对数据进行建模分析，确立了 IPD 模式下合作关系质量的演化过程	信任度较低且难以维持	
			机会主义行为	缺乏契约精神
20	严玲、邓娇娇和吴绍艳（2014）	应用扎根理论，提炼出了公共项目关系治理的影响因素，通过访谈法将因素进一步分析，找出关系治理机制的核心要素	信任	理性信任（基于计算）：法律法规、能力识别；非理性信任（基于社会关系）：互动交流
			承诺	态度、行为
			沟通	开放、信息共享
21	尹贻林、徐志超和孙春玲（2013）	利用文献分析法，基于信任和控制，分析研究了两者之间的相互关系以及对项目合作关系和项目绩效的作用	信任	机会主义行为

编号	学者	研究概况	一级影响因素	二级影响因素（如一级影响因素的测量维度或者前因等）
22	董维维和庄贵军（2013）	通过关系营销等理论，对社会关系以及组织间的互动与合作关系的影响做假设，通过问卷调查进行效度检验	社会关系、组织间互动	—
23	庄贵军（2012）	将关系营销的理论与本国国情相结合，从关系的状态、行为、规范三个方面分析了人际关系对合作的影响	关系水平：远近亲疏、关系规范：交往规则	—
24	付丽茹和解进强（2011）	基于结构、关系与治理的研究框架，探讨组织跨界融合中的"业务共享、价值共创和双元共治"运作机制，提出组织间治理是化解冲突的关键	信任、沟通、共享	—
25	武志伟和陈莹（2007）	根据社会心理学的相关理论，对关系质量的影响因素进行了分析和确定，之后通过问卷用实证分析进行了度量	关系契约强度、关系公平性	—
26	姚作为（2005）	以人际关系为基础，通过文献分析，对关系质量的定义和内涵进行了界定，对关系质量维度的研究进行了评价	信任、承诺	—
27	施绍华（2014）	从信任的文献研究入手，然后结合信任动态性特征和工程项目中业主与承包商关系发展的过程，提出业主和承包商信任发展阶段过程模型，阐述信任建立的过程	信任度	合同不完备、合同签订和履行过程分离
28	张语芮、姚洪江和陈勇强（2019）	通过分析来自中国建筑行业的问卷数据，研究发现条款违约会引发更加严厉的合约执行，而精神违约引发更加严厉的声誉执行	合约执行、声誉执行	合约执行力度被忽略
29	邓娇娇（2015）	吸纳了社会学理论、关系契约理论视角下的关系治理机制，建立了公共项目的二维治理框架。采用扎根理论研究方法对中国文化背景下的公共项目关系治理机制的内容结构体系进行探索性研究	所有权分配机制、声誉机制、报酬分配机制以及风险分担机制	—

编号	学者	研究概况	一级影响因素	二级影响因素（如一级影响因素的测量维度或者前因等）
30	王新宇（2021）	运用文献研究法分析了 IPD 模式合作关系研究的理论基础，运用文献研究法、专家访谈与问卷调查法、因子分析法构建了 IPD 模式合作关系影响因素体系，最终构建了 IPD 模式合作关系演化系统动力学模型	关系治理	信任、沟通互动、组织管理、参与方特征、利益分配机制
31	房韶泽（2019）	以重大工程项目作为研究背景，基于新古典契约理论、关系契约理论、社会交换理论和交易成本理论，对重大项目治理过程中关系治理与契约治理对交易成本和项目绩效的影响机制进行研究	契约治理、关系治理	信任、互惠、谈判和信息共享
32	周慧（2018）	在文献研究的基础上，从 IPD 模式下工程项目合作风险的不同维度，对合作风险的来源及影响因素进行了分析	合作风险、关系治理	利益冲突、态度恶劣、缺乏清晰目标、信誉差、缺乏集体感、承诺缺失、沟通不畅
33	吕文学和李智（2016）	对 164 个项目工程争端谈判的主要谈判人员进行问卷调查	公平感、关系行为	分配公平、程序公平和交流公平
34	刘刚和王岚（2014）	以关系质量为中介变量，实证研究了研发合作中公平感知对关系价值的影响	公平感知、关系质量	依赖关系不对称
35	李孝林（2021）	首先，对关系治理困境的国内外研究进行回顾；其次，开展检验与论证；最后，整合结构方程模型和系统动力学仿真模拟的结果	关系规范、关系行为	关系不对称、沟通
36	莱文等（Love et al.，2011）	采用基于分析归纳法的解释性研究方法，对建筑项目中的病原体和纠纷因果链进行了研究	合同治理	错误以及不完整的合同设计
37	黄明畅和秋雅平（Huang and Chiu，2018）	以交易成本经济（TCE）和社会交换理论（SET）为基础，建立一个考虑合作关系动态演变的关系生命周期框架，并重新审视了治理机制与合作绩效之间的关系	契约管理、绩效管理	对合作角色、义务和未来可能的结果规定不够详细明确

续表

编号	学者	研究概况	一级影响因素	二级影响因素（如一级影响因素的测量维度或者前因等）
38	刘毅等（Liu et al., 2017）	考察纵向关系中的知识转移，并考虑交易机制和关系机制如何不同程度地影响知识转移数量和可信度。对中国 225 组买家和供应商进行分层回归分析	契约、信任	完整明确的合同条款以及对未来意外情况的预见
39	戈尔德（Goldberg, 1976）	摒弃经典的契约概念，或者将零交易成本（ZTC）世界定义得如此宽泛以至包括政府限制，无成本讨价还价才能导致帕累托最优	合同治理	法律缺乏强制约束力、合同规定的权利义务无法适应合作双方不断变化的需求
40	王琼等（Wang et al., 2014）	分析了因供应商引起的干扰而受损的信任的缓解情况	信任损害	合作分配方式的不公平引发的信任受损
41	帕克和安格森（Park and Ungson, 2001）	将不同学科的理论进行提炼、衍生和整合，形成一个统一的框架，从而更好地理解联盟失败	成本高	协调成本高、代理成本高、交易成本高
42	罗赫里奇和雷维斯（Roehrich and Lewis, 2010）	建立了一个概念模型，该模型探讨了契约机制和关系机制如何在不同的分析层次上和随着时间的推移发生相互作用	信息不对称、成本差异	信息优势、事前搜索成本、监测成本、执行成本
43	戈沙尔和莫瑞恩（Ghoshal and Moran, 1996）	指出了"组织优势"的一些来源，并认为有必要建立一种截然不同的理论，以更适应西蒙（1991）所说的"组织经济"的现实	无法创造必要的社会条件来维持合作必需的信任和承诺	—
44	摩尔根和亨特（Morgan and Hunt, 1994）	对关系营销进行概念化并讨论了其 10 种形式	关系营销	信任和承诺
45	德怀尔等（Dwyer et al., 1987）	描述了一个发展买卖关系的框架，为制定营销战略和激发新的研究方向提供了有利条件	关系治理	缺乏信任、沟通、协作
46	德克斯和费林达（Dirks and Ferrin, 2001）	探讨两种截然不同的模型，它们描述了信任如何对组织环境中的态度、认知、行为和绩效结果产生积极影响	信任、知识共享、信息共享	—

续表

编号	学者	研究概况	一级影响因素	二级影响因素（如一级影响因素的测量维度或者前因等）
47	吴隆等（Wu et al.，2014）	提出了一个新的研究模型来考察基于 SET 的变量、信息共享与协作以及供应链绩效之间的关系	信任、承诺、互惠、信息共享、协作	—
48	王琼等（Wang et al.，2013）	基于交易成本经济学和社会资本理论，以中国 400 家制造企业为样本，检验了机会主义的驱动因素（关系专用性投资和行为不确定性）和抑制因素（企业间社会资本）之间的相互作用如何影响买方 – 供应商交换中的合作伙伴机会主义	参与方行为的不确定性、利益目标不同	—
49	格鲁丁斯基等（Grudinschi et al.，2014）	通过一项关于公共部门与私营部门和第三（非营利）部门在公共服务采购中的调查，向在社会和保健领域提供服务的私营部门和第三部门的组织发送结构化在线问卷，收集了经验证据	协作流畅性	缺乏清晰目标、参与方态度消极、集体感不强
50	杰克逊等（Jackson et al.，1995）	提出一个总体框架来分析多样性如何影响工作团队该框架确定了多样性的基本维度，描绘了几种可能的后果，并描述了形成多样性后果的过程	关系规范、关系行为	地位差异导致的沟通、互动受限
51	库默等（Kumar et al.，1995）	利用汽车经销商的调查数据表明，随着相互依赖不对称的增加，经销商对供应商的信任和承诺下降，企业间冲突增加	由信息不对称所带来的依赖关系不对称	—

　　整理文献发现，现有研究主要从以下几个方面对工程项目组织之间关系影响因素展开。

　　一是从合同制定和合同执行角度展开研究。施绍华（2014）强调由于合同不完备、合同签订和履行过程分离，导致业主和承包商之间存在严重的信任危机，合作关系进一步恶化，"零和博弈"的对立关系普遍存在。莱文等（Love et al.，2011）指出错误以及不完整的合同设计带来的后果表现为设计变更和返工，由此造成的项目成本超支和工期拖延成为工程项目索赔和纠纷的主要原因。还有人认为合同控制实际上是一种书面监督程序，合同中对合作角色、义务和未来可能的结果规定得越详细、明确，那么日后对纠纷的处理就越具体（Huang and Chiu，2018）。刘毅等（2017）在研究交易和关系治理机制的作用时，同样强调完整明确的合同条款以及对未来意外情况的预见，能够有效抑制机会主义和欺骗违规行为。尽管所有团队在正式开始合作之前都试图订立完整细致的合同来规范成员的行为，但是在大部分交换和合作过程中，一方往往难以全面把握另一方的偏好和特征，这种信息不对称便会阻碍完整合同的订立（Fournier and Brasel，2004）。戈尔德（Goldberg，1976）在重新阐述契约理论的延伸意义时指出，当法律缺乏强制约束力，且合同中规定的权利义务无法适应合同双方不断变化的需求时，这种合同模糊性便会使双方难以维持合作关系，增加冲突的可能性。因此，完备灵活的合同内容及其强有力的约束力能够有效避免冲突，保证合作团队的活动协调和资源调配能力。

二是从合同执行的角度来阐述合同契约对业主和承包商合作关系的影响。张语芮、姚洪江和陈勇强（2019）在研究不同合约违约类型情境下系统内外部因素对合约执行力度的影响时，强调详细周全的合同无法避免违约现象的发生，合约执行力度在合同治理中往往被研究者忽略。林艺馨和张慧瑾（2020）同样强调合同条款的执行情况体现了合同的治理效果，较小的合同执行度会极大削弱业主和承包商之间的合作意愿。

因此，多数学者在归纳项目组织成员关系的质量下降的因素时，在合同条款内容和合同执行两方面普遍达成共识，同时也有部分学者提供了控制、风险、利益等更新、细致的视角进行借鉴。如邓娇娇（2015）通过梳理各学者的现有研究发现，项目所有权分配机制、声誉机制、报酬分配机制以及风险分担机制之间存在直接相关性。王新宇（2021）将影响 IPD 项目合作关系演化的因素总结为信任、沟通互动、组织管理、参与方特征、利益分配机制五个维度。

三是基于交易成本理论对成员之间的合作行为展开研究（王新宇，2021）。帕克和恩格斯（Park and Ungson，2001）认为竞争会带来较高的交易成本，当交易成本过高时，合作成员往往采取机会主义行为来规避较高的成本风险。除组织成员的竞争和博弈外，罗赫里奇和雷维斯（Roehrich and Lewis，2010）指出在绝大多数的交换关系中，一方掌握的信息优势同样会导致额外成本提高，优势一方依仗自身具备的信息资源做出损害合作方利益的投机行为，进而使得事前搜索成本、监测成本和执行成本均有所增加。

四是从治理角度探讨工程项目组织间的合作关系。骆亚卓（2017）在对项目契约治理和关系治理进行梳理整合时，指出工程项目内嵌于社会关系网络之中，因此关系治理是项目治理的关键。与契约治理强调正式控制不同，"关系"强调灵活性高的因素，如信任、互惠、协调、谈判和信息共享（房韶泽，2019）。关系治理更依赖信任和非正式控制，能够更灵活地应对合同中未涵盖的突发事件和不可预见事件，是防范机会主义行为的重要保障机制（Plambeck and Zenios，2000）。因此，即使在完整准确的合同条款设计以及严格的合约履行程序前提下，合作方之间也会出于维护自身利益的考虑，做出违反关系行为规范的行为，打破关系稳定性。舒曼特拉和莫兰（Ghoshal and Moran，1996）就曾提出，组织失败的原因在于无法创造必要的社会条件来维持合作必需的信任和承诺。摩尔根和亨特（Morgan and Hunt，1994）同样认为关系营销成功的核心在于承诺和信任，而非权力和制约。德怀尔等（Dwyer et al.，1987）基于行为视角，将承诺定义为交易伙伴之间维系关系连续性的内在和外在保证，并且交易双方缺乏沟通和协作不利于其实现组织的共同目标，合作质量难以保证。合作方之间形成的信任和依赖关系会直接增加组织之间的知识共享和信息共享的意愿（Dwyer et al.，1987），进而避免过高的交易成本和难度。除信任、沟通、协作、承诺、知识共享、信息共享以及互惠之外，合作成员之间由于其行为的不确定性和利益目标不同，因此导致成员之间机会主义行为频发，进而导致关系恶化（Wu et al.，2014）。周慧（2018）在整合 IPD 项目合作参与方合作特征的基础上，将 IPD 合作模式中潜在的关系风险要素归纳为利益冲突、态度恶劣、缺乏清晰目标、信誉差、缺乏集体感以及承诺缺失和沟通不畅。因此，除了必要的社会交换，团队成员的自身特征同样会增加合作方机会主义行为倾向，不利于维系长期稳定的合作关系。

由于社会关系的复杂性和特殊性，权利的行使更加依赖于社会信任的产生和发展（Fournier and Brasel，2004），组织成员内心的直观感受往往对关系的发展起到关键作用。斯蒂芬妮等（Grudinschi et al.，2014）将 IPD 模式下项目合作风险总结为参与方缺乏承诺、集体感不强、目标不清晰、态度消极。吕文学和李智（2016）指出在工程争端谈判的情境下，分配公平、程序公平和交流公平有利于谈判双方以合作的态度解决争端，良好的关系治理能够使其在谈判过程中产生更强烈的公平感，进而对合作行为的产生起到一定的促进作用。在共享经济时代，基于资源依赖的共享合作模式成为大势所趋。然而，由信息不对称所带来的依赖关系不对称则会加大关系冲突的可能性（Kumar et al.，1995）。杰克逊等（Jackson et al.，1995）曾指出，团队成员在性格、文化背景、能力等诸多方面都存在差异，当彼此感知到上述差异所带来的地位差异时，团队成员之间的沟通和互动往往会受限。具体表现为资历较差的成员拒绝向资历良好的成员分享意见或提出资源需求，同样，能力相对突出的团队成员对其他成员的意见则会不够重视（Bowers et al.，2000）。因此由团队成员的差异性和信息不对称带来的依赖关系不对称会直接影响成员的公平感知。刘刚和王岚（2014）通过研究发现公平感知对联盟关系具有的发展具有促进作用。因此，为维持良好的合作关系，降低关系恶化风险并提高关系质量，业主和承包商之间要避免形成不对称依赖关系，否则不利于信任、沟通、协调在推动项目成功方面发挥积极作用（李孝林，2021）。基于上述分析，不对称依赖关系和公平感知度低也是社会关系要素中导致合作方关系失稳的因素。

结合上述文献分析可知，不同学者在分析导致项目组织关系震荡的影响因素时的侧重点和划分维度不同，有的强调组织成员之间的信息交流共享，有的侧重契约的控制约束作用。整体来看，目前学者对于关系震荡因素的识别和划分并不统一，且涉及的影响因素种类繁多，缺乏清晰的概念界定和维度划分。因此，在整理和分析现有中英文文献观点的基础上，对不同影响因素进行明确的概念界定和分类很有必要。最终通过汇总整合，共得到33个关系震荡因素，并对每个影响因素的内涵进行解释说明，具体如表2-2所示。

表2-2　　　　　　　　工程项目组织关系震荡初步因素清单

序号	关系震荡的因素	解释说明
1	合同内容设计不完整	合约双方不能将未来可能发生的所有情况以及各种情况下各方的权利和义务全部写进合同（施绍华，2014；Liu et al.，2017）

序号	关系震荡的因素	解释说明
2	合同条款有误	合同条款存在错误或不合理的内容（Love et al., 2011）
3	合同内容不够详细明确	约束合约双方行为的内容条款阐述不够明确具体（Huang and Chiu, 2018）
4	合同内容对未来意外情况的预见性不够	合约双方不能将未来可能发生的所有情况以及各种情况下各方的权利和义务全部写进合同（施绍华, 2014；Liu et al., 2017）
5	信息不对称	业主不能实时、准确、完整地监测承包商的工作进度和成果，承包商不能全面掌握工程项目信息和承包商偏好行为（王德东、房韶泽和王新成, 2018；张丽, 2001）
6	法律缺乏强制约束力	合同中存在部分柔性条款、合约执行过程中成本不断提高（事前谈判、事后调整、监督等活动成本）、合约内容不够完善等原因，降低了合同对双方的约束力度（Goldberg, 1976）
7	合同内容未能及时适应合作方不断变化的需求	合约双方不能将未来可能发生的所有情况以及各种情况下各方的权利和义务全部写进合同（施绍华, 2014；Liu et al., 2017）
8	合同执行力度差	双方为推进建设项目做出的努力程度不够，未按照合约要求执行（张语芮、姚洪江和陈勇强, 2019）
9	所有权分配机制不合理	包括项目剩余控制权（当合约之外的意外情况发生时，一方拥有填补合约空白的决定权）、剩余索取权（获得项目剩余控制权所对应的收益的权利，与对项目的贡献成正比）（邓娇娇, 2015）
10	报酬分配机制和合作分配方式不公平	业主支付给承包商的报酬内容设定不清晰、报酬标准低（邓娇娇, 2015）
11	风险分担机制不完善	与项目剩余索取权不对应，获得权力和收益的同时不承担相应的风险（邓娇娇, 2015；严玲和赵华, 2008）
12	声誉机制不健全	政府制定未面向建筑企业的质量评级体系；未公开公众对工程质量的评价；业主在招标环节未对承包商声誉进行考虑；质量考核未纳入建筑企业内部的考核体系（邓娇娇, 2015；严玲和赵华, 2008）
13	利益分配机制不合理	与项目所有权和风险分担有关；风险共担，利益共享
14	交易成本高	获取和处理信息、监督和管理合同执行、协调活动、活动组织和执行等成本过高（Roehrich and Lewis, 2010）

续表

序号	关系震荡的因素	解释说明
15	信任水平低	双方愿意相信对方的能力，并对对方的善行有信心（Ghoshal and Moran，1996；Kumar Scheer and Steenkamp Jan-Benedict E M，1995；Zhang et al.，2018）
16	承诺意愿差	参与方为实现项目目标主动进行关系投资的意愿差，并且不愿为双方合作关系的进一步发展付出具体行动（Morgan and Hunt，1994；Wu et al.，2014）
17	沟通不畅且缺乏交流	在项目实施过程中很少运用各自的知识和能力就项目相关的信息进行分享和交流（林艺馨和张慧瑾，2020；王新宇，2021）
18	协作不充分	合作方之间没有进行充分的资源、知识、能力整合（王新宇，2021；Dwyer et al.，1987；Wu et al.，2014）
19	协调能力差	双方出现分歧时，未及时、充分地调动各方资源对不畅通关系进行专门的协调活动，以此来协调利益关系，避免冲突（李孝林，2021）
20	谈判水平低	合作方在工程项目的各个阶段，特别是面对突发状况以及双方发生冲突时，不能采取合适的谈判策略及柔和的态度进行洽谈，导致双方不能就分歧达成一致，谈判结果不被接受（袁宏川和李慧民，2008；陈方平和孙燕娜，2020）
21	知识共享和信息共享意愿较低	项目实施过程中合作双方不能主动、及时地交流分享各类信息、状况、技能、经验等知识（Wu et al.，2014）
22	互惠水平低	双方没有进行平等的交换，没有付出的一方未受到相应的惩罚，而付出的一方在未来并未获得相应的回报（Wu et al.，2014）
23	参与方行为的不确定	参与方的能力水平、社会关系状况以及面对突发状况和冲突时的行为选择都具有较大不确定性（Wang et al.，2013）
24	目标不一致	合作双方在质量、工期、成本、安全等方面未达成共同目标，业主希望降低工程造价成本，并且对工程质量要求较高，而承包商期望得到较高的工程价款，可能通过偷工减料来降低成本开支（张丽，2000）
25	存在利益冲突	业主提出可能违背职业道德的要求，承包商基于自身掌握的信息优势，一味追求自身利益而破坏业主的利益（张丽，2001；王孟钧和陆洋，2011）
26	缺乏有效的组织管理	组织设计（人员安排和分工不合理、相关人员的管理和专业水平低）、组织运作（资源调配效率低）、组织调整（不能及时应对变化作出调整）
27	合作态度恶劣	双方在进行交流协作时一方或两方态度不好
28	缺乏清晰目标	组织目标和战略不明确

序号	关系震荡的因素	解释说明
29	信誉差	承包商的能力、资质等方面不符合业主的期望；承包商在未来合作中的行动不可靠（周慧，2018）
30	缺乏集体感	合作各方不愿为双方达成的共同目标努力
31	合作方之间的地位差异较大	业主和承包商在人员组成、性格、文化背景、业务能力等方面存在多样性和差异性（Jackson et al.，1995）
32	依赖关系不对称	一方拥有绝对的资源优势，具有稀缺性和不可替代性，且弱势方难以找到其他合作伙伴，被迫依赖于强势方，加剧不公平感（刘刚和王岚，2014；李孝林，2021）
33	公平感知度低	包括分配公平（利益分配结果不公平）、程序公平（合作方之间发生争端时，裁决和谈判的程序不公平）、交流公平（项目实施过程中，合作方在进行决策和执行时未做到尊重、礼貌、诚信、平等、共享）（吕文学和李智，2016）

2.2.2　导火索事件识别

所谓"导火索事件"，是指那些与项目自身关联甚小（甚至毫无关联），但是对项目组织间关系震荡起触发作用的关键外部事件。"导火索事件"在整个项目进行过程中扮演重要角色，对项目的众多参与者来说，它是损害各方之间关系的关键因素，并最终导致关系震荡。例如，马克斯菲尔德等（Mansfield et al.，1994）指出在建设项目中，工期延误和拖欠工程款会对项目绩效以及业主和承包商的信任关系造成极大的破坏。并且工期和款项问题存在的时间越久，就越会导致业主和承包商的关系向着猜疑、隐瞒、自私、对抗的方向发展（Chan et al.，2004），矛盾不断升级，且难以通过沟通协商解决，工程项目被迫中断。冯楠（2018）指出业主单位和承包商单位不对等关系的存在，导致承包商单位在建设过程中需进行大量垫资施工，加之业主受法律规范的约束少，拖欠工程款成为项目长时间难以竣工的重要原因。姚小刚和凌传荣（2001）基于网络分析法计算延误的工期时指出，工期延长现象在建筑领域频发，由此引发的工期索赔纠纷成为制约项目完工的重要矛盾点。弗林蓬等（Frimpong et al.，2003）将项目成功定义为按照合同规定期限完成项目计划中涉及的目标和任务，指出拖延工期对业主和承包商项目失败具有直接影响。基于上述研究所识别出的关系震荡导火索事件包括拖欠工程款和拖延工期。

2.2.3 对关系震荡因素清单及导火索事件的完善——基于专家访谈法

通过对导致关系震荡的影响因素进行概念梳理和界定，发现部分因素在含义上有所重复。"合同内容对未来意外情况的预见性不高"以及"合同内容未能及时适应合作方不断变化的需求"都是指合同未包含所有可能的情况，这与"合同内容设计不完整"的含义一致，因此都归总为"合同内容设计不完整"。"沟通不畅且缺乏交流"和"知识共享和信息共享意愿较低"都是指合作双方的各种信息没有充分、及时地分享，因此将两者合并为"沟通和信息共享不畅"。除此之外，风险分担是权力、利益分配的前提和基础，风险分担机制强调权力与风险相对应、收益和风险相匹配（严玲和赵华，2008），风险分担包含对权、责、利的统一，因此将"所有权分配机制不合理""利益分配机制不合理"纳入"风险分担机制不完善"。通过上述汇总归并，共得到 28 个影响因素。

仅以文献为依据对影响因素进行删减和汇总存在一定的局限性，虽然工程项目背景下各参与方之间的关系质量影响因素存在共性，但是因素重要性仍取决于不同参与方之间的关系特征，因此本章以在工程项目中占主导地位的业主和承包商之间的关系背景为例，为确保因素清单的全面性和科学性，特邀请来自建设、施工、第三方监理单位和高校的 8 名专家组成访谈小组，以电话访谈的形式，基于初步识别的工程项目组织成员关系震荡的因素清单，结合业主和承包商的关系背景进行删减、补充和修改（访谈提纲详见附录 1）。为确保访谈内容的真实性和有效性，并且考虑到访谈人员的工作时间安排，每次访谈时长控制在 30 ~ 60 分钟。访谈对象的基本信息如表 2 - 3 所示。

表 2 - 3 访谈对象信息

单位性质	职位	工作年限	学历背景
建设单位	项目负责人	10 年以上	本科
建设单位	项目负责人	5 ~ 10 年	本科

单位性质	职位	工作年限	学历背景
施工单位	项目经理	10 年以上	本科
施工单位	商务经理	10 年以上	本科
施工单位	技术负责人	10 年以上	本科
监理单位	总监理工程师	10 年以上	本科
高校	教授	10 年以上	博士
高校	教授	10 年以上	博士

专家一致认为，任何情况下都不存在完全合同，合同内容不够完整是普遍存在的问题，但住建部有统一的标准合同，双方就未明确的条款进行拟定，并且复核确认无异议后才会签订合同，不存在合同条款有误和不明确的情况，因此将"合同条款有误"和"合同内容不够详细明确"删掉。就合同效力而言，无论是合同的约束力还是执行力度，其目的都是通过规定以及奖惩来约束业主和承包商的行为，因此在此将二者合并为"合同执行力度差"。

专家小组成员表示，在项目开始之前会严格根据工程进度、材料等因素进行造价预算，并根据实际情况进行调整，且为避免承包商通过压低采购成本，业主通常会指定供应商和材料，并随机对工程材料进行专业抽检。专家同样指出招标过程中声誉是对投标人进行判断的关键因素，会重点考虑投标单位近 5～10 年的失信和行政处罚状况，并且相关部门会对其进行监管和公示，因此"声誉机制不健全"不作为导致关系震荡的因素。

电话访问过程中，来自施工单位的专家均认为双方对合作地位没有明显的差异感知，并且双方对甲方相较于乙方处于更加主动、更具优势的地位习以为常，并不会对双方合作产生实质性影响，故删除"合作方之间的地位差异较大"。

专家指出，双方在互惠互利的基础上签订合同，其目的是在规定时间内按要求完成工程项目的建设，不会出现目标不清晰对双方关系造成不利影响的情况，但在合作过程中存在利益对立的情况，因此删除"缺乏清晰目标"以及"互惠水平低"，并将"目标不一致"归并到"存在利益冲突"。

小组专家表示，承诺体现为双方为合作关系进行的投资，也即双方协作的过程，因此将"承诺意愿差"归到"协作不充分"，而业主和承包商之间基于信任、互惠展开沟通、共享和协调，都是双方形成合作关系进行协作的组成部分，因此"协作不充分"是一个总括概念，此处删去。

此外，尽管专家表示协商和谈判所代表的形式和程度不同，但都是为了解决合作过程中产生的分歧，因此将"协调能力差"和"谈判水平低"合并为"协调谈判不到位"，并且将"缺乏集体感"和"合作态度恶劣"都合并到"参与方行为不确定"。

专家小组除对上述因素结合实践经验进行删减和合并外，还增加了"设计变更"和"现场签证管理不规范"两个在工程实践中常见的因素。就"设计变更"而言，施工单位在现场施工过程中发现设计图纸有误、招标文件有漏洞等情况时，为确保施工活动的正常开展，避免施工过程中进一步出现安全、质量等隐患，所提出的变更，有利于建设项目的顺利推进，从而避免业主和承包商未来在工期、质量、成本等方面发生冲突。然而，建设单位在没有完全了解项目前期准备工作的进展的情况下，就要求施工单位尽早动工，或对建设项目提出与实际情况不符的新要求或修改，进而导致施工现场出现各种图纸之外的意外情况，由此所引发的设计变更不仅会使承包商增加费用开支、工程价款难以追回，甚至可能面临更大的索赔失败风险（严玲和赵华，2008）。因此，由业主提出的设计变更会进一步增大双方博弈和关系对立的可能性，不利于稳定合作关系，而这也与访谈专家所提到的容易使两方陷于冲突困境的设计变更类型相一致。通过上述专家访谈内容，最终得到 15 个可能导致业主和承包商关系震荡的因素。

在访谈末尾，组内专家对部分因素的定义进行了修改和补充。小组成员首先指出合同条款普遍对甲方缺乏约束，因此存在合同约束执行不到位的情况。专家对信息不对称进行补充，指出现阶段业主一方对于现场的施工工艺以及最新的施工技术缺了解也是信息不对称的重要体现。除了施工过程中各种相关信息的沟通不到位，沟通效果差也是沟通不顺畅的重要体现。"缺乏有效的组织管理"还包括相关负责人管理水平和专业水平有限，以致出现决策失误。就交易成本而言，建设单位须按规定计提充分的安全管理费，并且各项审批流程过于繁杂也是交易成本高的原因。结合专家意见，研究团队对"合同执行力度差""信息不对称""沟通和信息共享不畅""缺乏有效的组织管理""交易成本高"重新进行解释。

通过对专家访谈内容进行梳理，对导致业主和承包商关系震荡的因素及其含义进行了修正和完善，提炼出共计 15 个因素，各因素及其解释说明如表 2－4 所示。

表 2－4　　　　　　　　　　　　**业主和承包商关系震荡的因素**

序号	关系震荡的因素	解释说明
1	合同内容设计不完整	合约双方不能将未来可能发生的所有情况以及各种情况下各方的权利和义务全部写进合同
2	信息不对称	业主不能实时、准确、完整地监测承包商的工作进度和成果，并且对于现场的施工工艺以及最新的施工技术缺乏了解；承包商不能全面掌握工程项目信息和业主的偏好
3	合同执行力度差	双方为推进建设项目做出的努力程度不够，未按照合约要求执行；由于合同中存在部分柔性条款、合约执行过程中成本不断提高（事前谈判、事后调整、监督等活动成本）、合约内容不够完善等原因，合约一方对另一方违约行为的监督、奖励和惩罚（谈判、赔偿、仲裁等）不够严厉到位；未按照合同规定条款行事；普遍存在对乙方约束明显多于甲方的情况
4	风险分担机制不完善	与项目剩余索取权对应，获得权力和收益的同时承担相应的风险
5	交易成本高	获取和处理信息、监督和管理合同执行、协调活动、活动组织和执行成本、审批流程复杂、安全管理等费用过高
6	信任水平低	业主对承包商的行为和意愿不抱有积极期望，尤其在后期；不愿相信且接受承包商完成目标任务的能力；不相信承包商在出现机会主义行为时能够公平公正地谈判
7	沟通和信息共享不畅	在项目实施过程中很少运用各自的知识和能力就项目相关的信息进行分享和交流；受限于施工人员的能力、水平等因素，沟通效果不理想
8	协调谈判不到位	双方出现分歧时，未及时进行协商，且沟通过程中双方各执一词，难以达成一致
9	参与方行为不确定	参与方的能力水平、社会关系状况以及面对突发状况和冲突时的行为选择都具有较大不确定性；且可能出现态度恶劣、缺乏集体责任感的个别现象，尤其是承包商一方的施工人员
10	存在利益冲突	业主希望降低工程造价成本，并且对工程质量要求较高，而承包商期望得到较高的工程价款，可能通过偷工减料来降低成本开支；业主提出可能违背职业道德的要求，承包商基于自身掌握的信息优势，一味追求自身利益而破坏业主的利益
11	缺乏有效的组织管理	组织设计（人员安排和分工不合理、相关人员的管理和专业水平低）、组织运作（资源调配效率低）、组织调整（不能及时应对变化作出调整）

续表

序号	关系震荡的因素	解释说明
12	依赖关系不对称	一方拥有绝对的资源优势，具有稀缺性和不可替代性，且弱势方难以找到其他合作伙伴，被迫依赖于强势方，加剧不公平感，现实建筑项目中通常表现为承包商依赖于业主
13	公平感知度低	包括分配公平（利益分配结果不公平）、程序公平（合作方之间发生争端时，裁决和谈判的程序不公平）、交流公平（项目实施过程中，合作方在进行决策和执行时未做到尊重、礼貌、诚信、平等、共享）
14	设计变更	业主缺乏对项目实际建设情况的了解，做出错误决策而导致的设计变更；业主对于项目建设提出新要求或修改
15	现场签证管理不规范	业主和承包商须就合同之外的意外情况所带来的施工内容、造价的增加进行签认证明，由于业主不熟悉招标文件以及造价管理，对承包商不符合实际的申请进行随意签证；业主对签证的内容审核严格，导致承包商申请的签证不被业主认可；签证内容缺乏必要的手续、缺乏附图等实际证据

通过整理专家访谈的意见和建议可知，专家一致认为拖欠工程款和拖延工期会触发业主和承包商的合作震荡。因此，本章将关系震荡的导火索事件确定为拖欠工程款和拖延工期。综上所述，业主和承包商关系震荡的因素和关系震荡触发的导火索事件分别共计 15 个和 2 个。

2.3 工程项目组织间关系震荡因素的结构层次分析

通过上述文献分析法和专家访谈法对导致业主和承包商震荡的因素进行科学全面的识别。但各因素之间存在错综复杂的作用关系，为深入理解其作用机理，本章通过 ISM-MICMAC 分析对因素进行层次划分和分类，并进一步确定关键性、根本性因素。

2.3.1 解释结构模型和交叉影响矩阵相乘法

1. 解释结构模型（ISM）

沃菲尔德（Warfield，1974）首次提出将有向图的连接发展为相关联元素

的相互作用矩阵，以此得到的元素间的层级结构即为元素的解释结构模型
（interpretative structural modeling，ISM）。ISM 利用有向图绘制和矩阵运算的思
想，根据现有的理论、知识和经验，将系统内各要素及其之间的相互关系借助
计算机进行数理逻辑运算，进而得到复杂系统要素的多层递阶解释结构模型
（Watson，1978）。通过 ISM 方法，能够实现复杂系统的结构化、层次化以及
要素关系的清晰化、条理化。因其能够有效揭示要素间的层级结构和因果关
系，方便科研人员和管理人员深刻挖掘复杂系统的内在结构，ISM 法已被广泛
应用于社会经济的各个领域，包括建设领域。ISM 方法对于复杂系统的影响因
素研究具有高度适用性，导致业主和承包商关系震荡的因素种类繁多，且各因
素之间存在繁杂的交互作用，因此通过 ISM 方法能够清晰地观察各关系因素之
间的作用关系，梳理各影响因素对关系震荡的作用路径。

2. 交叉影响矩阵相乘法（MICMAC）

交叉影响矩阵相乘法（matrices impacts croises-multiplication appliance
classement，MICMAC）是在 ISM 可达矩阵的基础上，通过计算系统要素的驱
动力和依赖性，得到要素的驱动力–依赖性矩阵分布图，并以此为依据对因素
进行分类（吴碾子和徐雷，2020），在通过 ISM 模型所得到的影响因素层级结
构和作用路径的基础上，进一步对各要素间的影响和被影响程度进行研究（张
道文等，2023）。通过 MICMAC 分析，明确各目标要素的驱动水平和依赖程
度，从而能够使管理者在管理实践中厘清工作重点，实施精准干预，提升治理
水平，实现管理目标。

2.3.2　工程项目组织间关系震荡因素的 ISM 模型构建——以业主和承包商之间关系为例

1. 邻接矩阵的建立

根据 ISM 的理论方法以及专家访谈和问卷结果建立邻接矩阵，用 S_{ij} 表示
任意一个行元素 $S_i(i=1\sim15)$ 对任意一个列元素 $S_j(j=115)$ 的影响关系，当
$S_{ij}=1$ 时，表示 S_i 对 S_j 有直接影响，当 $S_{ij}=0$ 时，表示 S_i 对 S_j 没有直接影响。

在最终筛选出的业主和承包商关系震荡的因素清单的基础上，以电话访谈
和调查问卷结合的方式，问卷采用表格的形式来呈现两两因素间的影响关系

（详见附录 2）。向来自建设单位、施工单位、监理单位、高校的 8 名一线管理人员、技术人员和科研人员收集其对导致业主和承包商关系震荡的因素影响关系的意见和看法，在 ISM 小组内进行专家打分，当 75% 及以上专家打分均为 1 时，则认为 $S_{ij}=1$，其余情况则认为 $S_{ij}=0$。每轮打分结束后对专家打分按照上述规则进行整理，并将打分结果反馈至 ISM 小组，再按照同样规则进行下一轮打分，三轮打分结束后，专家意见达成一致。除此之外，元素对其自身不存在影响作用，因此邻接矩阵对角线元素均取值为 0。最终得到业主和承包商关系震荡的因素邻接矩阵 A，具体见表 2 – 5。

表 2 – 5　　　　　　　业主和承包商关系震荡因素影响关系邻接矩阵 A

	j														
	S_1	S_2	S_3	S_4	S_5	S_6	S_7	S_8	S_9	S_{10}	S_{11}	S_{12}	S_{13}	S_{14}	S_{15}
S_1	0	0	0	1	0	0	0	0	0	0	0	0	0	0	0
S_2	0	0	0	0	0	0	0	0	0	1	0	1	0	0	0
S_3	0	0	0	0	0	0	0	0	0	0	0	0	0	0	0
S_4	0	0	0	0	0	0	0	0	0	0	0	0	0	1	0
S_5	0	1	1	0	0	0	0	0	1	0	0	1	0	0	0
S_6	0	0	0	0	0	0	0	1	0	0	0	0	0	0	0
S_7	0	1	0	0	0	1	0	1	0	0	0	0	0	0	0
S_8	0	0	1	0	0	1	0	0	0	0	0	0	0	0	0
S_9	0	0	0	0	0	1	1	1	0	0	1	0	0	0	0
S_{10}	0	0	1	0	0	0	0	1	0	0	0	0	0	0	0
S_{11}	1	0	1	0	1	0	1	1	0	0	0	0	0	1	1
S_{12}	0	0	0	0	0	0	0	0	0	0	0	0	1	0	0
S_{13}	0	0	0	0	0	1	1	1	1	0	0	0	0	0	0
S_{14}	0	0	0	0	1	0	0	0	0	0	0	0	0	0	0
S_{15}	0	0	0	0	0	0	0	0	0	1	0	0	0	0	0

2. 可达矩阵的建立及层级的划分

通过前文分析我们得到了邻接矩阵 A，利用布尔矩阵的运算法则进行幂乘法运算，当 $(A+I)^k=(A+I)^{k+1}=P$ 时，P 即为邻接矩阵 A 所对应的可达矩阵，其中 I 为单位矩阵。这里借助 Matlab 软件通过布尔运算求得可达矩阵 P。

$$P=\begin{bmatrix}
1 & 1 & 1 & 1 & 0 & 1 & 1 & 1 & 1 & 1 & 0 & 1 & 1 & 0 & 0 & 0 \\
0 & 1 & 1 & 0 & 0 & 1 & 1 & 1 & 1 & 1 & 0 & 1 & 1 & 0 & 0 & 0 \\
0 & 0 & 1 & 0 & 0 & 0 & 0 & 0 & 0 & 0 & 0 & 0 & 0 & 0 & 0 & 0 \\
0 & 1 & 1 & 1 & 0 & 1 & 1 & 1 & 1 & 1 & 0 & 1 & 1 & 0 & 0 & 0 \\
0 & 1 & 1 & 0 & 1 & 1 & 1 & 1 & 1 & 1 & 0 & 1 & 1 & 0 & 0 & 0 \\
0 & 0 & 0 & 0 & 0 & 0 & 1 & 0 & 0 & 0 & 0 & 0 & 0 & 0 & 0 & 0 \\
0 & 1 & 1 & 0 & 0 & 1 & 1 & 1 & 1 & 1 & 0 & 1 & 1 & 0 & 0 & 0 \\
0 & 0 & 1 & 0 & 0 & 1 & 0 & 1 & 0 & 0 & 0 & 0 & 0 & 0 & 0 & 0 \\
0 & 1 & 1 & 0 & 0 & 1 & 1 & 1 & 1 & 1 & 0 & 1 & 1 & 0 & 0 & 0 \\
0 & 0 & 1 & 0 & 0 & 1 & 0 & 1 & 0 & 1 & 0 & 0 & 0 & 0 & 0 & 0 \\
1 & 1 & 1 & 1 & 1 & 1 & 1 & 1 & 1 & 1 & 1 & 1 & 1 & 1 & 1 & 1 \\
0 & 1 & 1 & 0 & 0 & 1 & 1 & 1 & 1 & 1 & 0 & 1 & 1 & 0 & 0 & 0 \\
0 & 1 & 1 & 0 & 0 & 1 & 1 & 1 & 1 & 1 & 0 & 1 & 1 & 0 & 0 & 0 \\
0 & 1 & 1 & 0 & 0 & 1 & 1 & 1 & 1 & 1 & 0 & 1 & 1 & 1 & 0 & 0 \\
0 & 0 & 1 & 0 & 0 & 1 & 0 & 1 & 0 & 1 & 0 & 0 & 0 & 0 & 0 & 1
\end{bmatrix} \quad (2-1)$$

　　在前文计算得出的可达矩阵 P 的基础上，对可达矩阵 P 进行区域划分，依次得到对应的可达集、先行集和共同集。其中可达集 $R(S_i)$ 表示可达矩阵中某元素能够到达的全部元素组成的集合，即可达矩阵 P 中元素 S_i 所在的行中 $S_{ij}=1$ 所对应的元素构成的集合；先行集 $F(S_i)$ 表示可达矩阵中能够到达某元素的全部要素组成的集合，即可达矩阵 P 中元素 S_i 所在的列中 $S_{ij}=1$ 所对应的元素构成的集合；共同集则是取可达集和先行集的交集，即共同集等于 $R(S_i)\cap F(S_i)$。接下来按照 $R(S_i)=R(S_i)\cap F(S_i)$ 的抽取规则对可达矩阵 P 进行层级划分（见表 2-6）。

表 2-6　　　　　　　　　　第一层级元素划分情况

S_i	可达集 $R(S_i)$	先行集 $F(S_i)$	$R(S_i)\cap F(S_i)$	所在层级
S_1	1, 2, 3, 4, 6, 7, 8, 9, 10, 12, 13	1, 11	1	—

续表

S_i	可达集 $R(S_i)$	先行集 $F(S_i)$	$R(S_i) \cap F(S_i)$	所在层级
S_2	2, 3, 6, 7, 8, 9, 10, 12, 13	1, 2, 4, 5, 7, 9, 11, 12, 13, 14	2, 7, 9, 12, 13	—
S_3	3	1, 2, 3, 4, 5, 6, 7, 8, 9, 10, 11, 12, 13, 14, 15	3	L_1
S_4	2, 3, 4, 6, 7, 8, 9, 10, 12, 13	1, 4, 11	4	—
S_5	2, 3, 5, 6, 7, 8, 9, 10, 12, 13	5, 11, 14	5	—
S_6	3, 6, 8	1, 2, 4, 5, 6, 7, 8, 9, 10, 11, 12, 13, 14, 15	6, 8	—
S_7	2, 3, 6, 7, 8, 9, 10, 12, 13	1, 2, 4, 5, 7, 9, 11, 12, 13, 14	2, 7, 9, 12, 13	—
S_8	3, 6, 8	1, 2, 4, 5, 6, 7, 8, 9, 10, 11, 12, 13, 14, 15	6, 8	—
S_9	2, 3, 6, 7, 8, 9, 10, 12, 13	1, 2, 4, 5, 7, 9, 11, 12, 13, 14	2, 7, 9, 12, 13	—
S_{10}	3, 6, 8, 10	1, 2, 4, 5, 7, 9, 10, 11, 12, 13, 14	10	—
S_{11}	1, 2, 3, 4, 5, 6, 7, 8, 9, 10, 11, 12, 13, 14, 15	11	11	—
S_{12}	2, 3, 6, 7, 8, 9, 10, 12, 13	1, 2, 4, 5, 7, 9, 11, 12, 13, 14	2, 7, 9, 12, 13	—
S_{13}	2, 3, 6, 7, 8, 9, 10, 12, 13	1, 2, 4, 5, 7, 9, 11, 12, 13, 14	2, 7, 9, 12, 13	—
S_{14}	2, 3, 5, 6, 7, 8, 9, 10, 12, 13, 14	11, 14	14	—
S_{15}	3, 6, 8, 15	11, 15	15	—

根据表2－6中抽取结果可知，第一层级元素包含S_3。在可达矩阵P中将S_3所在的行和列删除，按照同样的抽取规则对矩阵进行第二层级的划分，如表2－7所示。

表2－7　　　　　　　　　　第二层级元素划分情况

S_i	可达集$R(S_i)$	先行集$F(S_i)$	$R(S_i) \cap F(S_i)$	所在层级
S_1	1，2，4，6，7，8，9，10，12，13	1，11	1	—
S_2	2，6，7，8，9，10，12，13	1，2，4，5，7，9，11，12，13，14	2，7，9，12，13	—
S_4	2，4，6，7，8，9，10，12，13	1，4，11	4	—
S_5	2，5，6，7，8，9，10，12，13	5，11，14	5	—
S_6	6，8	1，2，4，5，6，7，8，9，10，11，12，13，14，15	6，8	L_2
S_7	2，6，7，8，9，10，12，13	1，2，4，5，7，9，11，12，13，14	2，7，9，12，13	—
S_8	6，8	1，2，4，5，6，7，8，9，10，11，12，13，14，15	6，8	L_2
S_9	2，6，7，8，9，10，12，13	1，2，4，5，7，9，11，12，13，14	2，7，9，12，13	—
S_{10}	6，8，10	1，2，4，5，7，9，10，11，12，13，14	10	—
S_{11}	1，2，4，5，6，7，8，9，10，11，12，13，14，15	11	11	—
S_{12}	2，6，7，8，9，10，12，13	1，2，4，5，7，9，11，12，13，14	2，7，9，12，13	—
S_{13}	2，6，7，8，9，10，12，13	1，2，4，5，7，9，11，12，13，14	2，7，9，12，13	—
S_{14}	2，5，6，7，8，9，10，12，13，14	11，14	14	—
S_{15}	6，8，15	11，15	15	—

由表 2 - 7 可知第二层级包含元素 S_6、S_8。在可达矩阵 P 中删除元素 S_6、S_8 所在的行和列，再按照同样的抽取规则进行第三层级元素的抽取，结果见表 2 - 8。

表 2 - 8 第三层级元素划分情况

S_i	可达集 $R(S_i)$	先行集 $F(S_i)$	$R(S_i) \cap F(S_i)$	所在层级
S_1	1, 2, 4, 7, 9, 10, 12, 13	1, 11	1	—
S_2	2, 7, 9, 10, 12, 13	1, 2, 4, 5, 7, 9, 11, 12, 13, 14	2, 7, 9, 12, 13	—
S_4	2, 4, 7, 9, 10, 12, 13	1, 4, 11	4	—
S_5	2, 5, 7, 9, 10, 12, 13	5, 11, 14	5	—
S_7	2, 7, 9, 10, 12, 13	1, 2, 4, 5, 7, 9, 11, 12, 13, 14	2, 7, 9, 12, 13	—
S_9	2, 7, 9, 10, 12, 13	1, 2, 4, 5, 7, 9, 11, 12, 13, 14	2, 7, 9, 12, 13	—
S_{10}	10	1, 2, 4, 5, 7, 9, 10, 11, 12, 13, 14	10	L_3
S_{11}	1, 2, 4, 5, 7, 10, 11, 12, 13, 14, 15	11	11	—
S_{12}	2, 7, 9, 10, 12, 13	1, 2, 4, 5, 7, 9, 11, 12, 13, 14	2, 7, 9, 12, 13	—
S_{13}	2, 7, 9, 10, 12, 13	1, 2, 4, 5, 7, 9, 11, 12, 13, 14	2, 7, 9, 12, 13	—
S_{14}	2, 5, 7, 9, 10, 12, 13, 14	11, 14	14	—
S_{15}	15	11, 15	15	L_3

　　由表 2 - 8 可知第三层级包含元素 S_{10}、S_{15}。将 S_{10}、S_{15} 所在的行和列在可达矩阵 P 中删除，再按照同样的抽取规则对第四层级元素进行划分，划分结果见表 2 - 9。

表 2 - 9　　　　　　　　　　　　第四层级元素划分情况

S_i	可达集 $R(S_i)$	先行集 $F(S_i)$	$R(S_i) \cap F(S_i)$	所在层级
S_1	1, 2, 4, 7, 9, 12, 13	1, 11	1	—
S_2	2, 7, 9, 12, 13	1, 2, 4, 5, 7, 9, 11, 12, 13, 14	2, 7, 9, 12, 13	L_4
S_4	2, 4, 7, 9, 12, 13	1, 4, 11	4	—
S_5	2, 5, 7, 9, 12, 13	5, 11, 14	5	—
S_7	2, 7, 9, 12, 13	1, 2, 4, 5, 7, 9, 11, 12, 13, 14	2, 7, 9, 12, 13	L_4
S_9	2, 7, 9, 12, 13	1, 2, 4, 5, 7, 9, 11, 12, 13, 14	2, 7, 9, 12, 13	L_4
S_{11}	1, 2, 4, 5, 7, 11, 12, 13, 14	11	11	—
S_{12}	2, 7, 9, 12, 13	1, 2, 4, 5, 7, 9, 11, 12, 13, 14	2, 7, 9, 12, 13	L_4
S_{13}	2, 7, 9, 12, 13	1, 2, 4, 5, 7, 9, 11, 12, 13, 14	2, 7, 9, 12, 13	L_4
S_{14}	2, 5, 7, 9, 12, 13, 14	11, 14	14	—

　　由表 2 - 9 可知第四层级包含元素 S_2、S_7、S_9、S_{12}、S_{13}。在可达矩阵 P 中删除 S_2、S_7、S_9、S_{12}、S_{13} 所在的行和列，再按照同样的抽取规则对第五层级元素进行划分，划分结果见表 2 - 10。

表 2 - 10　　　　　　　　　　　　第五层级元素划分情况

S_i	可达集 $R(S_i)$	先行集 $F(S_i)$	$R(S_i) \cap F(S_i)$	所在层级
S_1	1, 4,	1, 11	1	—
S_4	4	1, 4, 11	4	L_5

S_i	可达集 $R(S_i)$	先行集 $F(S_i)$	$R(S_i) \cap F(S_i)$	所在层级
S_5	5	5, 11, 14	5	L_5
S_{11}	1, 4, 5, 11, 14	11	11	—
S_{14}	5, 14	11, 14	14	—

由表 2-10 可知第五层级包含元素 S_4、S_5。在可达矩阵 P 中删除 S_4、S_5 所在的行和列，再按照同样的抽取规则对第六层级元素进行划分，如表 2-11 所示。

表 2-11 第六层级元素划分情况

S_i	可达集 $R(S_i)$	先行集 $F(S_i)$	$R(S_i) \cap F(S_i)$	所在层级
S_1	1	1, 11	1	L_6
S_{11}	1, 11, 14	11	11	—
S_{14}	14	11, 14	14	L_6

由表 2-11 可知第六层级包含元素 S_1、S_{14}，在可达矩阵 P 中删除 S_1、S_{14} 所在的行和列，再按照同样的抽取规则对第七层级元素进行划分，如表 2-12 所示，第七层级包含元素 S_{11}。

表 2-12 第七层级元素划分情况

S_i	可达集 $R(S_i)$	先行集 $F(S_i)$	$R(S_i) \cap F(S_i)$	所在层级
S_{11}	11	11	11	L_6

3. 多层递阶解释结构模型构建

至此，已完成邻接矩阵 P 的全部区域和层级划分，根据 $R(S_i) = R(S_i) \cap F(S_i)$ 的抽取规则，按照由顶层到底层的抽取顺序，业主和承包商关系震荡的 15 个因素被划分为 7 个层级：第一层级（S_3）；第二层级（S_6、S_8）；第三层级（S_{10}、S_{15}）；第四层级（S_2、S_7、S_9、S_{12}、S_{13}）；第五层级（S_4、S_5）；第六层级（S_1、S_{14}）；第七层级（S_{11}）。按照层级结构的划分自上而下对可达矩阵 $\boldsymbol{P}$ 中的元素进行重新排列，得到调整后的可达矩阵 $\boldsymbol{P}'$。

$$\boldsymbol{P}' = \begin{bmatrix} 0 & 0 & 1 & 0 & 0 & 0 & 0 & 0 & 0 & 0 & 0 & 0 & 0 & 0 & 0 \\ 0 & 0 & 1 & 0 & 0 & 1 & 0 & 1 & 0 & 0 & 0 & 0 & 0 & 0 & 0 \\ 0 & 0 & 1 & 0 & 0 & 1 & 0 & 1 & 0 & 0 & 0 & 0 & 0 & 0 & 0 \\ 0 & 0 & 1 & 0 & 0 & 1 & 0 & 1 & 0 & 1 & 0 & 0 & 0 & 0 & 0 \\ 0 & 0 & 1 & 0 & 0 & 1 & 0 & 1 & 0 & 0 & 0 & 0 & 0 & 0 & 1 \\ 0 & 1 & 1 & 0 & 0 & 1 & 1 & 1 & 1 & 1 & 0 & 1 & 1 & 0 & 0 \\ 0 & 1 & 1 & 0 & 0 & 1 & 1 & 1 & 1 & 1 & 0 & 1 & 1 & 0 & 0 \\ 0 & 1 & 1 & 0 & 0 & 1 & 1 & 1 & 1 & 1 & 0 & 1 & 1 & 0 & 0 \\ 0 & 1 & 1 & 0 & 0 & 1 & 1 & 1 & 1 & 1 & 0 & 1 & 1 & 0 & 0 \\ 0 & 1 & 1 & 0 & 0 & 1 & 1 & 1 & 1 & 1 & 0 & 1 & 1 & 0 & 0 \\ 0 & 1 & 1 & 0 & 1 & 1 & 1 & 1 & 1 & 1 & 0 & 1 & 1 & 0 & 0 \\ 1 & 1 & 1 & 1 & 0 & 1 & 1 & 1 & 1 & 1 & 0 & 1 & 1 & 0 & 0 \\ 0 & 1 & 1 & 0 & 1 & 1 & 1 & 1 & 1 & 1 & 0 & 1 & 1 & 0 & 0 \\ 1 & 1 & 1 & 1 & 1 & 1 & 1 & 1 & 1 & 1 & 1 & 1 & 1 & 1 & 1 \end{bmatrix} \qquad (2-2)$$

根据调整后的可达矩阵 $\boldsymbol{P}'$ 得到业主和承包商关系震荡的因素多层递阶解释结构模型，如图 2-1 所示。

由图 2-1 可知，顶层因素为合同执行力度差（S_3），对关系质量具有直接影响。业主和承包商之间的各种消极行为都会降低双方执行契约的意愿和效果，因此各层级因素综合作用的最终结果体现为合同执行力度差。当业主和承包商的行为超出合约规定的范围时，会为双方日后的合作关系埋下风险隐患，关系质量因此受损。

底层因素包括缺乏有效的组织管理（S_{11}），对关系质量具有根本影响。由于合同主导权掌握在业主手中，因此，合同条款的完整性（S_1）受业主方合同负责人的能力、经验和专业素质（S_{11}）的影响；建设单位对项目开工前的具体情况缺乏了解，并要求施工单位尽早动工（黄俊时，2022），或提出与实际情况不符的新要求或修改意见，从而导致施工现场出现各种图纸之外的意外情

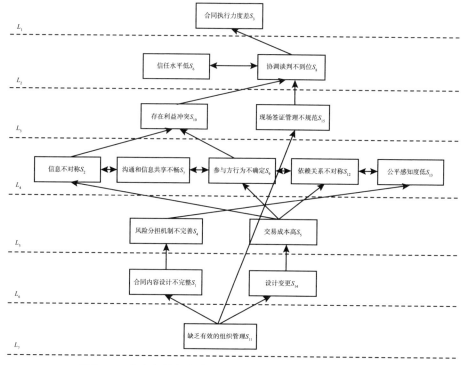

图 2 - 1   业主和承包商关系震荡因素多层递阶解释结构模型

况，进而不得不进行设计变更（S_{14}）；由于业主不熟悉招标文件以及造价管理，对承包商不符合实际的申请进行随意签证，或是缺乏必要的手续资料，以及业主对签证内容审核严格，导致承包商的签证申请不被认可，都是现场签证管理不规范（S_{15}）的表现。

中间层包括第 2 至第 6 层因素，底层因素作用于中间层因素，层层递进，最终对表层因素产生影响。由业主提出的与施工实际不符的新要求所引发的设计变更，可能使承包商面临更高的材料采购成本，业主需支付的工程价款也因此增加（S_5）；当承包商面临较高的信息和资源获取成本（S_5）时，会加剧其信息和依赖关系的不对称（S_2、S_{12}），承包商可能借此信息差优势对业主"敲竹杠"（Burnes and Coram，1999），业主便更加难以把握承包商的各种不确定行为（S_9）；合同在条款设计上的缺陷（S_1）为日后业主和承包商的合作带来了诸如合同、成本、施工等不同方面的风险，并且在风险发生时对责任主体的界定不明确（黄锐，2014）；业主利用项目合同主导权的优势通过制定不合理的风险分担条款（S_4）转嫁风险（杜亚灵、李会玲和柯洪，2016），会使承包商产生强烈的不公平感（S_{13}）（王美京，2021）；业主和承包商之间的不对称性、不确定性以及沟通和信息共享不畅（S_7）、公平感知度低（S_{13}）之间相互影响，加剧二者的利益冲突（S_{10}）；业主和承包商在质量、工期、成本等方面有不同的利益目标（S_{10}），双方出于对个人利益的考虑，面对不一致和矛盾时往往难以协调（S_8）；工程变更出现应签未签、少签漏签等情形（S_{15}），会使双方未来面对突发意外状况时缺少协调依据，长此以往，激化矛盾的同时破坏双方信任关系（S_6），进而使纠纷更加难以调和，加大双方违反合约要求的可能性。

2.3.3　工程项目组织间关系震荡因素的 MICMAC 分析——以业主和承包商之间关系为例

通过划分关系因素的层级结构，构建业主和承包商关系震荡的因素多层递阶解释结构模型，有助于理清业主和承包商关系因素体系的层次关系和作用路径。为更清晰分析各因素之间的影响和依附程度，根据可达矩阵的计算结果，对 15 个关系因素进行交叉影响矩阵相乘（MICMAC）分析。依赖性是指可达矩阵中能够到达某要素的其他要素的个数总和，驱动力是指某要素能够到达的其他要素的个数总和。要素的驱动力越大说明该要素对系统内其他要素的影响程度越高，要素的依赖性越大说明该要素受其他要素的影响大，对系统内其他要素的依附程度就越高。各因素的驱动力和依赖性如表 2-13 所示。

表 2-13　系统要素的影响和依附程度

S_i	驱动力	依赖性
S_1	11	2
S_2	9	10
S_3	1	15
S_4	10	3
S_5	10	3
S_6	3	14

续表

S_i	驱动力	依赖性
S_7	9	10
S_8	3	14
S_9	9	10
S_{10}	4	11
S_{11}	15	1
S_{12}	9	10
S_{13}	9	10
S_{14}	11	2
S_{15}	4	2

根据表 2 - 13 中各要素的驱动力和依赖性，绘制要素的分类图，横坐标表示要素依赖性，纵坐标表示要素驱动力，坐标图共分为四个部分：自治要素、独立要素、依赖要素和联系要素，如图 2 - 2 所示。

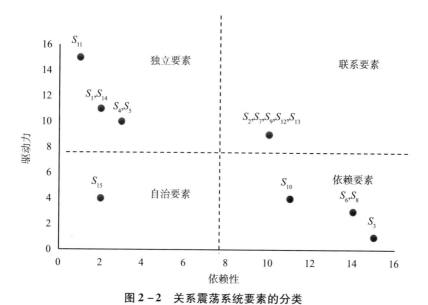

图 2 - 2　关系震荡系统要素的分类

根据依赖性－驱动力矩阵图可知，S_{15} 属于自治要素，具有较低的驱动力和依赖性，对于业主和承包商关系震荡的整体影响较小，且该要素比较稳定，不易受系统内其他要素的影响，因此后续研究中不作考虑；独立要素包含 S_1、S_4、S_5、S_{11}、S_{14}，该类要素虽然依赖性低，但驱动力水平较高，对业主和承包商关系震荡具有显著影响，需对该要素集群加以关注；与之相反的要素集群为依赖要素，包括 S_3、S_6、S_8、S_{10}，依赖要素表现出较高的依赖性和较低的驱动力，易受系统内其他要素的影响，当导致依赖要素发生的其他要素得到有效控制时，此类依赖要素便不会发生，因此依赖要素对系统的影响程度关键取决于系统内与之相关的其他要素，在此不将其作为仿真实验的考察要素；联系要素包括 S_2、S_7、S_9、S_{12}、S_{13}，此类要素的特征为高驱动力和高依赖性，该类要素发生与否与系统内其他要素的情况高度关联，并且一旦该类要素发生，则会依次通过中间层要素对业主和承包商关系震荡产生重大影响，因此联系要素作为过渡要素，具有明显的承上启下的作用，对关系震荡影响较大，且稳定性较差，应对该类要素投入更多关注（宋亮亮，2018）。

借助 ISM－MICMAC 法，综合 ISM 影响因素层级结构图以及 MICMAC 驱动力－依赖性矩阵的分析结果，并考虑其对关系震荡的根本性影响和影响程度，选取 S_1（合同内容设计不完整）、S_2（信息不对称）、S_4（风险分担机制不完善）、S_5（交易成本高）、S_7（沟通和信息共享不畅）、S_9（参与方行为不确定）、S_{11}（缺乏有效的组织管理）、S_{12}（依赖关系不对称）、S_{13}（公平感知度低）、S_{14}（设计变更）作为后续仿真实验的属性设置依据。

2.4　结　　论

本章通过文献分析法提取了工程项目组织间触发关系震荡的 33 项基本因素和基础导火索事件。由于不同参与方之间的关系特征存在差异，触发关系震荡的因素也可能不同，为保证提取要素的科学性，运用专家访谈法对已识别的因素清单进行删减、修改和补充，将因素聚焦于业主与承包商之间的关系震荡并将关系震荡的导火索事件确定为拖欠工程款和拖延工期。

此外，由于各因素之间存在错综复杂的作用关系，本章首先通过 ISM－

MICMAC 分析对关系震荡因素进行层次划分和分类，并进一步确定关键性、根本性因素。该分析将众多因素分为三个层级，底层因素为缺乏有效的组织管理，对各参与方之间的关系震荡具有根本影响；中层因素涵盖信任水平低、存在利益冲突、信息不对称等 13 个因素；顶层因素为合同执行力度差，对各方关系震荡具有直接影响。底层因素通过作用于中间层因素，层层递进，最终对顶层因素产生影响。随后为更清晰地分析各因素之间的影响和依附程度，根据可达矩阵的计算结果，对 15 个关系因素进行 MICMAC 分析。通过分析，将关系震荡要素被分为独立要素、联系要素、自治要素和依赖要素。其中，联系要素具有高依赖性和高驱动力，它是一种通过对中间层因素施加影响进而破坏关系质量的过渡要素，对关系震荡触发的影响较大，应给予较多关注。

　　本章重新梳理了工程项目组织关系的有关文献，整理出影响工程项目组织关系的关键因素及各因素之间的结构作用关系，并以对工程项目绩效起决定性作用的业主和承包商之间关系为例，探讨引发这两者之间关系震荡的导火索事件，为进一步研究工程项目组织间关系震荡的触发机制提供理论基础。

第3章　工程项目组织间关系
震荡发生机制

3.1　机会主义对关系震荡触发的重要性

机会主义（opportunism），也称投机主义，是一种牺牲他人利益来换取自身利益的欺骗行为。最早对机会主义进行定义的是著名的经济学家威廉姆森，机会主义是指"信息的不完整性或受到歪曲的透露，尤其是指在造成信息方面的误导、歪曲、掩盖、扰乱或混淆的蓄意行为，尤其是指造成信息不对称的实际条件或人为条件的原因"（Mohamed et al.，2011）。机会主义行为是指在信息不对称的情况下，人们不能完全如实地披露全部信息，并做出了损人利己的行为，通常是用虚假空洞的威胁及承诺来获取自身利益的行为（赵平伟等，2023）。机会主义行为在工程项目中很常见，典型表现包括违反合同条款，如推卸责任、非法分包和串通，或者与关系规范相冲突，如撤回承诺或允诺、利用合同漏洞、故意忽略图纸和规范中的设计错误，以便从返工或改建的付款中获利。根据此定义，机会主义者与谋求私利者有一定的区分，谋求私利者虽然也追求自身利益的最大化，但不会有意歪曲其掌握的信息或者出尔反尔；机会主义者为达个人目的或利益，可以违背任何戒条（赵平伟等，2023）。如果契约人只是谋求私利者，那么缔约人会忠实地履行契约；如果契约人选择做一个机会主义者，那么他一定会见机行事，使得过程不是按照双方约定的合同去执行，而是按照其个人私利最大化的方向去发展。因此，机会主义行为是影响工程项目参与方之间关系的一个重要因素。

在交易成本理论基础上发展而来的契约治理机制能够约束参与方的投机主义行为，从一定程度上降低参与方合作风险，但是机会主义行为的出现也会打破参与方之间的契约（何雪英，2018）。由于交易成本和有限理性的存在，契约通常是不完全的。在不完全契约的空间中，关系契约起到了一种很好的补充作用，关系契约不试图对所有条款进行具体规定，更关注关系性规则和未来价值（余鹏翼等，2022）。关系契约并非一种具象化的契约类型，而类似于"社会契约"的一种理念或者说是一种工具，但它又借用了部分契约理论中的核心因素，如承诺、合意等（何雪英，2018）。关系契约不同于实体契约的特征，使得它只能通过各参与方的自我约束来维持。换言之，关系契约相当于各参与方之间的关系达到了某种平衡。但如果机会主义行为出现，则会打破该平衡。关系契约的违背，意味着各参与方不再无条件互相信任，甚至会对其他参与方妄加揣测，导致信任度降低。更甚之，机会主义可能导致信誉受损。信誉的关键内涵体现为诚实、可靠、公平和责任感，代表了一方在其他参与方心中的定性评价和可信度，它的内涵较信任更丰富，其受损会带来更广泛的负面影响。而机会主义行为属于不道德行为，与信誉的内涵相违背，机会主义在合作网络传播后会导致信誉受损，影响与其他参与方的关系，进而破坏项目合作网络的稳定性。

工程项目中，一方采取机会主义行为，将可能引发其他参与方的模仿行为，导致机会主义行为"涌现"，触发工程项目参与方之间的关系震荡。机会主义行为的根本目的是扩大自己利益，当各参与方发现合作方以牺牲自己的利益为代价换取自身利益时，出于自我保护和追求利益最大化，会出现行为模仿，以减少自己的损失。所谓行为模仿，就是观察他人行为并对其复制的过程。工程项目参与方均对项目存在预期目标，在一方采取机会主义行为获利后，如果被其他利益受损的参与方知晓，特别是当自身预期目标将无法实现的情况下，该参与方将采取类似方式（机会主义行为）弥补受损利益，即行为模仿。在各参与方对机会主义行为进行多轮模仿之后，机会主义行为在工程项目中涌现。此时各参与方之间由于极度不信任造成的相互猜忌会触发关系震荡，最后可能会造成项目争议纠纷，项目进度滞后后果，严重制约项目绩效的提高，阻碍建筑业的健康发展（赵平伟等，2023）。

由此可见，机会主义是导致关系震荡触发的一个重要因素。探讨工程项目中机会主义行为的发生机制对进一步探索关系震荡触发的机理有重要作用。而业主与承包商在工程项目决策中起主导作用，因此本章对业主与承包商机会主义行为产生路径进行了深入研究，研究共分为两个方面。一是探讨业主的直接权力如何通过风险认知影响承包商的机会主义，以及团结性对直接权力与风险认知之间关系的调节作用，二是研究调节聚焦对机会主义行为的影响。

3.2 相关理论阐述

3.2.1 直接权力与风险感知对机会主义行为影响的理论阐述

1. 研究动机

业主与承包商的关系对建设行业的项目绩效有着重大影响（Drexler and Larson，2000）。因此倡导业主与承包商之间的合作在研究者和实践者中广泛存在（Suprapto et al.，2015）。然而，由该行业激烈的价格竞争导致的承包商临时性关系和低利润迫使他们在成本回收方面投机取巧（如虚报数量和价格）（Meng et al.，2011）。在建设项目中，承包商的机会主义行为会引发项目纠纷，导致时间和成本超支（Love et al.，2011），且生产效率降低（Korczynski，1994）。治理机会主义行为的机制日益受到建设项目管理研究人员的关注。目前有两大治理措施得到广泛认可：正式治理和非正式治理（Cao and Lumineau，2015）。正式治理包括合同保障，通过改变回报结构来增加机会主义行为的成本（Lui and Ngo，2004）。非正式治理基于社会交换理论（强调组织间的高质量关系），主要依靠信任来限制机会主义行为的倾向（Laan et al.，2011）。如今有关项目治理的讨论日益增多，这为改善业主与承包商之间的关系提供了丰富的概念框架。在理论上，它们似乎是强有力的工具，但在实际应用中，它们在减少机会主义方面的效果并不尽如人意。大多数承包商不愿意放弃机会主义行为，因为此行为（如机会主义索赔）可以弥补激烈竞标导致的预期利润不足（Mohamed et al.，2011），并补偿因拥有支配权的业主不当转移风险而造成的潜在损失（El-Sayegh，2008）。这可能意味着，承包商实施机会主义行为的原因之一是其已感知到自身表现不佳和业主不当行为的风险。

基于风险的决策在建设项目管理中发挥着重要作用（Wang and Yuan，2011）。由于参与者的有限理性，影响参与者采取策略的因素更多是风险认知而非风险本身（Zhang and Li，2015）。风险认知是参与者对风险的判断（Ve-land and Aven，2013）。有学者认为，风险认知会影响承包商的决策，如风险定价行为（Chan and Au，2007）。然而，目前还缺乏对承包商在感知到高风险时是否会成为机会主义者以减少可能损失的研究。此外，这些研究也没有具体说明承包商感知到的不同类型的风险会如何影响他们的决策行为。有研究者（Xiang et al.，2012）提出，建筑项目中的各方不仅面临客观风险（如政策风险），还面临破坏各方关系的行为风险（如其他各方的不合作行为）。因此，在业主与承包商的关系中，承包商需要应对两类风险：关系风险和绩效风险。关系风险源于各方之间的内部互动，绩效风险包括除关系风险之外的所有风险（Das and Teng，1996，2001），对这两类风险的不同认识决定了各方对治理结构的偏好，其中涉及组织结构（如项目组织结构）、运作流程、控制机制等。根据这一观点，对不同类型风险的认知可能会对承包商机会主义产生不同的影响，为探讨其前因后果提供了不同的视角。

中国建筑市场的现状表明，业主处于强势地位，而承包商则处于弱势地位（Ping et al.，2015），占主导地位的一方经常在决策上对弱势一方施加直接权力（Brown et al.，1995）。在建设行业中，有学者从概念上提出，当各方的权力地位不对称时，直接权力的主导地位与低协作性相关（Donato et al.，2015）。直接权力指的是一种依靠奖励（惩罚）、法律或合同条款等外在形式的强制性权力，拥有这种权力的主导方利用它来获得另一方对明确目标的服从（Benton and Maloni，2005）。供应商关系管理文献已开始关注直接权力对机会主义的影响。建设行业对这一影响机制还缺乏明确的认识，这一点令人惊讶，因为在建设项目中，业主与承包商之间存在高度的权力不对称，其特点是时间的不确定性，支付风险。此外，当主导方频繁滥用直接权力时，弱势方会认为关系和绩效存在较高风险（Brown et al.，1995；Teimoury et al.，2010）。因此，引入风险感知视角可能有助于解释直接权力是如何影响机会主义的，而这一点至今仍被权力－机会主义文献所忽视。

先前的实证研究表明，在关系治理（即关系规范）营造的良好关系氛围下，建设项目各方认为机会主义行为和低绩效的风险较小（Ping et al.，2015）。团结性是指双方对特定关系的高度评价（Heide and John，1992）。有了强有力的团结性，才能培养出双方都愿意维持长期关系的良好关系氛围。然而，在实践中，在成对的交换企业（交换双方）之间，团结性大多处于不同的水平。这一假设在业主与承包商的关系中尤为重要，因为业主和承包商的目标往往存在差异。当双方都感受到一种具有共同期望的关系氛围时，就会认为对方的不当行为与关系规范并无不符之处，从而对其不屑一顾（Kaufmann and Stern，1988）。因此，在这种关系中，即使承包商与处于强势地位的业主合作，承包商也不太可能预测到高风险。

因此，第一项研究旨在探讨业主的直接权力如何通过风险感知影响承包商的机会主义，以及团结性对直接权力与风险感知之间关系的调节作用。在接下来的章节中，首先介绍了理论背景，其次提出了包括假设在内的研究方法和设计，再次进行了数据分析和讨论，最后给出了影响、限制和结论。

2. 理论阐述

（1）风险感知。风险可以是消极的（威胁），也可以是积极的（机遇），承包商更关注消极的方面（如损失）（Hartono et al.，2014）。与威胁风险相关的潜在损失可能会导致承包商中的某些机会主义者投机取巧以试图减轻或挽回该损失。因此，本章引入了对风险感知的定义，即风险感知（risk perception）是指对潜在不利结果事件发生概率的主观评价，合作关系中有两类风险：关系风险和绩效风险（Das and Teng，1996，2001a）。关系风险指的是缔约方不按预期方式行事的后果和可能性；而绩效风险指的是尽管不存在关系风险，但一方的目标仍然无法实现的概率和后果。在建设项目中，承包商也面临这两种风险。每个建设项目通常都涉及业主与承包商之间合作交付建筑产品（Anvuur，2008）。业主和承包商不断相互沟通和协调，因为他们的工作是相关的，他们的目标是相互依存的（Lu et al.，2016）。例如，比格巴勒等（Bygballe et al.，2016）分析了两个基于设计 – 投标 – 建造合同的建筑项目，并提出，业主与承包商在日常工作中，遇到不可预知的关键事件时，可以协调彼此相互依赖的任务，共同解决问题。业主与承包商的关系在整个建设项目的实施过程中介于冲突与合作之间。因此，在合同关系中，业主与承包商之间存在着合作互动关系。每一方的目标实现都需要依靠另一方（Lu et al.，2016），但有时双方对彼此的态度不利于合作顺利进行。因此，在互动过程中，每一方都可能面临由于另一方的不良行为带来利益损失的风险。在感知到损害自身利益风险存在时，有可能会采取机会主义行为来规避减少风险带来的损失。

此外，莱赫蒂兰塔（Lehtiranta，2014）提出，建设项目各方需要应对内部风险（即关系风险）和外部风险（即绩效风险）。内部风险与各方之间的互动有关；外部风险与环境因素有关。同样，建设项目各方面临两类风险：行为风险和客观风险（Xiang et al.，2012）。行为风险源于其他各方行为的不确定性，可归类为关系风险。客观风险包括自然灾害、政治风险、汇率波动等，会对承包商的预期目标产生负面影响，可归入绩效风险。由于各方都有自己的目标，承包商与业主感知到的绩效风险是不同的（Das and Teng，1996）。绩效风险是所有决策所面临的共同风险，可以共同承担；关系风险是各方合作行为中的特定风险；由于这两类风险分别涉及建设项目的不同方面，因此两者之间没有直接影响（Das and Teng，2001a）。根据这一观点，本章提出了业主-承包商关系中的两种风险认知：关系风险认知和绩效风险认知。

以往的研究探讨了基于关系风险和绩效风险的风险感知。达什和滕（2001）认为，最佳治理结构应与各方感知的两类风险水平相适应。还有学者认为，如果各方感知到更多的绩效风险和关系风险，在企业成立后他们会采取治理措施，以增加或保持对合资企业成功的信心（Hsieh et al.，2010）。同样，泰穆里等（Teimoury et al.，2010）发现，在新产品开发网络中，一方感知到的关系风险会影响对两种治理模式的选择，一种模式是基于意愿的信任，另一种模式是单边控制。综上所述，考虑对不同类型的风险感知可为机会主义的前因提供更深入的见解。

（2）直接权力。权力是指一方在决策变量方面控制或影响另一方的能力，对实现企业间的合作目标具有重要意义（Yan and Gray，1994）。部分学者将权力分为直接权力和间接权力（Forsythe et al.，2015）。直接权力（mediated power）指的是一种强制力，它属于依赖于外在形式的权力，如奖励、惩罚、法律或合同条款，其中权力主导方试图获得另一方的服从（Benton and Maloni，2005）。间接权力依赖于内化和认同的内部过程，目标方认为权力拥有者是专家，并愿意服从该权力拥有者（Brown et al.，1995），间接权力在本质上更积极，更相关；而直接权力则以消极和竞争为特征（Benton and Maloni，2005）。本章的调查对象在中国建设行业工作，具有较高的权力距离和集体主义文化，在这种情况下更有可能使用直接权力（Zhao et al.，2008）。

在业主与承包商的关系中，业主通常会集体运用各种形式的直接权力。业主有能力在合同中制定奖励条款，如对承包商的经济奖励，或通过承诺未来的工作来要求承包商做合同中未包含的事情（Lu and Hao，2013）。同时，业主也可以在合同中制定惩罚性条款，如经济处罚，或通过威胁退出协议或延迟付款来迫使承包商遵守要求（Lu and Hao，2013）。业主可通过指出具体的合同要求或法律义务，主张合同权利以影响承包商。因此，本章主要关注直接权力。

3.2.2　调节聚焦对机会主义行为影响的理论阐述

1. 研究动机

临时关系和信息不对称导致的机会主义行为在建筑项目中诱人且猖獗（Lau and Rowlinson，2009；Chen et al.，2012）。这些行为，如利用合同漏洞、推卸责任和拖延问题，在承包商和客户中都很常见（Lu et al.，2016）。机会主义可能会增加交易成本，抑制合作关系的发展。

因此，以往的研究对其驱动因素和影响因素给予了一定的关注，这些研究大多基于代理理论、交易成本理论、资源依赖理论和关系契约理论（Zeng et al.，2015；Zhang and Qian，2017；Shi et al.，2018），但人们很少关注源于各方特征的因素。人们认识到，在相似的情况下，各方可能会有不同的行为方式。各方固有的特质，如内部动机，可能会对交换关系中机会主义的紧急程度产生重要影响（Das and Kumar，2011）。此外，以往的相关文献大多关注承包商的机会主义行为，但也有研究者通过实证证明，在建筑项目中，客户在与承包商的业务关系中也会出现机会主义行为（Lu et al.，2016）。本章旨在进一步探究客户的内部动机对其机会主义行为的影响，而这一问题很少受到研究者的关注。

在学者们对激励问题的研究中，讨论大多局限于个人层面，很少关注公司层面（Johnson et al.，2015）。然而，了解施工项目各方行为的起源有助于管理它们之间的关系（Das and Kumar，2011）。动机取向指的是，有些当事方冒险、开放，渴望获得最大收益；另一些当事方可能保守，试图避免损失（Das and Kumar，2011），动机取向的不同可能会影响各方对合作战略和竞争战略的选择（Johnson et al.，2015）。因此，值得注意的一个问题是，各方的动机取向是否也在决定其机会主义行为意图方面发挥作用，但这一问题在文献中尚未得到实证研究。

调节聚焦是动机导向的一个概念，指一个组织追求成功（促进焦点）或避免失败（防御焦点）的倾向（Das and Kumar，2011）。对促进关注度高的一方可能会寻求风险，更有可能打破规则，并拥有更加开放的文化。与注重促进的一方相比，注重防御的一方会选择维持现状，合同也会更加严格（Das and Kumar，2011；Johnson et al.，2015）。侧重点不同的双方对机会主义行为的态度也可能不同（Das and Kumar，2011）。因此，我们认为调节聚焦对机会主义行为意愿的形成起着关键作用。

本书第二项研究旨在探讨客户的调节聚焦对其在建筑项目中的机会主义行为的影响。

2. 理论阐述

调节聚焦（regulatory focus）是一个心理学术语，主要用于描述个人的动机取向，解释个人追求成功（促进焦点）或避免失败（防御焦点）的倾向差异（Tuncdogan et al.，2015）。然而，调节聚焦也可以描述组织宏观层面的动机（Florack and Hartmann，2007；Johnson et al.，2015）。首先，建设项目管理者和边界跨越者，他们在与其他参与方的行为互动中有个人偏好的取向，这将影响参与方的决策。其次，制度和文化可能会或明或暗地塑造主流取向（Das and Kumar，2011），这些要素（制度、文化和管理者的特质）可能会塑造独特的战略取向和姿态，这可以体现为调节聚焦（Das and Kumar，2011）。例如，越南的国有企业更倾向于采取保守战略和遵守法规，因为这类客户更受政府政策和政府战略目标的限制，他们也不急于开拓新业务，而是倾向于维持现状（Ling et al.，2014）。因此，用调节聚焦来描述建设项目中客户的企业层面动机是合适的。促进型焦点关注的是最大化成功的愿望，而防御型焦点描述的是最小化损失的愿望（Das and Kumar，2011）。注重促进的一方可能会寻求风险，更有可能打破常规，更能适应不断变化的环境，文化也更加开放。相反，以防御为主的一方会有更强的义务或责任感，选择维持现状，并具有更强的契约刚性。在与合作伙伴合作时，注重防御的一方可能会更关心自己的行为是否符合契约和合作关系（Das and Kumar，2011）。虽然这两种关注点看似并列（Stam et al.，2010；Lanaj et al.，2012），但它们并不是一个连续体的两端，而是正交的（Higgins et al.，2001）。与个人一样，企业也可以有不同程度的促进和防御焦点的组合（Idson et al.，2000）。例如，一些企业可能会表现出较高的促进或防御关注度，因为它们过去在这两种动机取向上都有过积极的经验（Lanaj et al.，2012）。希金斯等（Higgins et al.，2001）还发现，两类调节聚焦之间的相关性很低，这表明它们之间是独立的。

3.3　机会主义行为诱发路径的实证研究

本章将回答以下问题：

（1）承包商的机会主义倾向与他们的风险感知大小是否相关？

（2）业主的直接权力如何影响承包商的机会主义？

（3）团结性能否降低承包商因业主的直接权力而产生的风险感知？

（4）业主的调节聚焦与其机会主义倾向是否相关？

3.3.1　直接权力与风险感知对机会主义行为作用机理的实证研究

1. 研究假设

（1）风险感知和机会主义。在建设项目中，一方采取机会主义行为的一个重要原因是其感知到的风险（Jagtap and Kamble，2015）。如果承包商在项目进行过程中感知到较高的关系风险，就会认为对方可能会采取不友好行为来破坏双方的关系。根据目标期望理论，期望对方合作是各方合作行为的关键（Pruitt and Kimmel，1977）。正如卡尼尔斯和盖尔德曼（Caniëls and Gelderman，2010）认为，实施机会主义行为可能会引发另一方采取针锋相对的策略。对另一方行为的预期有时被称为"信任"。一旦一方感知到高关系风险，已建立的信任就可能面临风险（Morgan and Hunt，1994；Teimoury et al.，2010）。低信任度会导致在企业合作过程中机会主义行为频发（Das and Teng，2001a）。因此，做出如下假设。

假设 H3 - 1：承包商感知到的关系风险越高，采取机会主义行为的可能性就越大。

感受到绩效风险的一方可能会认为项目的预期目标无法实现（Das and Teng，2001a）。根据前景理论，预期目标可被视为评估决策选择的参考点（Kahneman and Tversky，1979）。菲根鲍姆和托马斯（Fiegenbaum and Thomas，1988）提出了"参考点"来解释组织的行为，认为当组织的预期利润低于预先确定的目标或参考点时，组织就会表现为风险承担者。在战略联盟中，这个参考点被定义为战略参考点（SRP），即组织从战略联盟中期望达到的战略目标（Fiegenbaum et al.，1996）。低于其战略参考点的企业会把新问题视为机会，并可能表现为风险偏好型并采取更加激进的措施（Fiegenbaum et al.，1996）。同样，在与业主合作之前，承包商也有这样一个参考点，它描述了承包商在这种关系中的预期目标。高绩效风险意味着实现预期目标的可能性会降低，即合作的最终收益会低于参考点。因此，感知到较高绩效风险的承包商更有可能采取更利己的行为来弥补潜在的损失。通过上述分析，提出以下假设。

假设 H3 - 2：承包商感知到的绩效风险越高，采取机会主义行为的可能性就越大。

（2）直接权力和风险感知。直接权力一般会对买方与供应商的关系产生负面影响（Maloni and Benton，2000），它通过减少弱势一方的内在承诺来破坏长期关系（Handley and Benton，2012）。即使没有行使权力，处于支配地位也是影响力的来源之一（Provan et al.，1980）。业主与承包商在所有权和工程付款控制权方面是不对称的。业主可以通过积极的方式奖励承包商，如承诺未来的订单（Rezabakhsh et al.，2006），或通过消极后果胁迫承包商，例如以工作令人不满意为由，不公平地从应付款项中扣款。但是，占主导地位的一方通过采用胁迫性影响策略和利用其有利地位来滥用权力，对双方的关系是不利的（Kotter，1979）。基于上述论点，我们认为业主对直接权力的依赖可能会导致处于弱势地位的承包商感知到更高的关系风险。因此，提出以下假设。

假设 H3 - 3：业主对直接权力的依赖程度越高，承包商感知到的关系风险就越大。

绩效风险与企业的合作目标有关（Das and Teng，1996）。企业目标的实现取决于一系列因素，包括政府法规、政治风险、核心竞争力和协作能力（Das and Teng，1996）。这些风险都包含在客观风险中，在正常情况下，客观风险对所有市场参与者而言都应该是相等的（Xiang et al.，2012）。然而，在信息不对称的不完善市场体系中，交易活动对市场参与者并不完全透明；一些参与者如国有企业，拥有更多的权力，可以提前获得信息，更有可能将风险转嫁给另一方（Xiang et al.，2012）。这表明，在这种情况下，弱势一方在与强势一方合作时有可能感受到更高的绩效风险。另外，在与依赖直接权力的一方合作时，弱势一方不得不牺牲自己来满足强势一方的要求（Lusch and Brown，1982）。间接权力更具积极性和关系性，其影响力来源于权力实施者的可信度和能力（Brown et al.，1995）。如果业主广泛使用直接权力，承包商可能会认为自己缺乏足够的权限和合作能力来履行责任，并且不得不依靠外部力量来实现预期目标。在这种情况下，承包商可能会怀疑合作关系在应对客观风险方面的可信度和可持续性，从而承包商感知到更高的绩效风险。因此，提出以下假设。

假设 H3 - 4：业主对直接权力的依赖程度越高，承包商对绩效风险的感知程度越高。

（3）团结性的调节作用。团结性被定义为一种共同的感觉，即各方都高度重视特定的关系（Heide and John，1992）。它衡量的是对双方价值相似性的看法，有助于在各方之间营造友好亲密的关系氛围（Voss et al.，2000）。

团结一致的各方拥有共同的价值观，这决定了未来的取向（Zhao et al.，2008）。这有利于在战略决策上达成共识（Liu et al.，2008）。在高度团结的情况下，拥有主导权的一方也会意识到，双方的关系不是一种对立关系，而是一种互利关系。因此，业主可能不太倾向于利用合同条款的力量对承包商施加压力，因为详细的合同条款可能表明了一种不信任的先发制人的信号，严格遵守合同条款可能会对承包商产生不利影响。合同条款会恶化双方的关系（Kadefors，2004）。此外，二元亲密关系和共同的态度会改变双方的行为，使其从利己转向关注共同的任务和利益（Rokkan et al.，2003）。考虑到这一点，在具有共同期望的关系氛围下，承包商可能会认为，为了维持共生关系，业主不太可能滥用直接权力。因此，承包商可能会将业主的不当行为解释为不符合关系规范（Kaufmann and Stern，1988）。因此，出于团结意识，承包商甚至会将业主使用直接权力解释为管理要求的合理策略，而不是对合作关系的威胁。

基于以上分析，提出以下假设。

假设 H3 - 5：业主与承包商之间的团结会调节业主的直接权力对承包商关系风险感知的影响。也就是说，当团结程度较高时，承包商的关系风险感知对业主采取直接权力的敏感性较低。

团结性与一方的能力信任正相关（Liu et al., 2008），这种信任基于一方认为另一方具备有效完成工作所需的专业知识的程度（Das and Teng, 2001a, 2001b）。当双方拥有共同的价值观并建立了亲密关系时，他们就会通过提高自我能力来尽力履行自己的义务。达什和滕（2001b）提出，双方的能力是绩效风险的内部因素。在这里，能力建立在成功完成任务所需的资源和能力之上，体现了能力信任的内涵。因此，在高度团结的情况下，弱势方的绩效风险认知会随着对强势方能力信任的增加而降低。此外，团结还有利于共生关系氛围的形成（Liu et al., 2008）。在这种氛围下，承包商可能会认为，从业主那里转移过来的不合理客观风险会减少。因此，提出以下假设。

假设 H3 - 6：业主与承包商之间的团结性可调节业主直接权力对承包商绩效风险认知的影响。也就是说，当双方团结程度较高时，承包商的绩效风险感知对业主采取直接权力的敏感性较低。

图 3 - 1 展示了本章的概念模型。

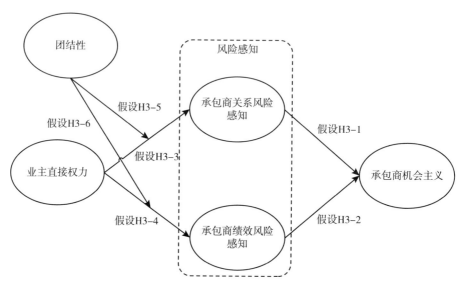

图 3 - 1　业主直接权力及风险感知对承包商机会主义行为的影响作用

2. 研究方法和设计

根据后实证主义，考虑到大量现存理论，本章采用了演绎法的研究策略（Grix，2010）。为了验证前文假设，我们采用问卷调查的方法收集数据，并对定量数据进行分析。

（1）样本和数据收集。所有潜变量的数据都是通过意见调查问卷从参与者那里获得的。潜在受访者是承包商在建设项目中担任管理职位的员工和代理人，他们非常了解这些人包括项目经理、部门经理、项目总工程师和现场经理。受访者被要求选择并描述他们正在参与的一个项目，然后回答有关风险感知、业主的直接权力、团结性以及他们（承包商）的机会主义倾向等问题。为了减少可能出现的偏差，问卷不要求填写受访者姓名和项目名称，并附有一份声明，告知对他们的信息保密。问卷由两部分组成，并附有关于本次调查目的的说明。A 部分要求提供有关受访者和项目的信息。B 部分要求受访者根据他们选择的项目，使用 7 点李克特量表（从"1 = 非常不同意"到"7 = 非常同意"）对每个项目的符合程度进行评分。7 点回答格式是一种理想的长度，因为它足够敏感，能够区分回答的程度，并且能够最大限度地提高回答量表的可靠性和有效性（Krosnick et al.，2009）。

在中国建筑行业，由于直接接触目标受访者的机会有限，且受访者不愿花时间回答问卷，往往导致随机抽样的响应率较低（Wu et al.，2015）。因此，本章采用了非概率方便抽样法，这是一种提高应答率的有效方法，在建设行业得到广泛应用（Wu et al.，2015）。笔者参加了 2015 年 11 月在北京举行的中国设施工程咨询协会国际合作论坛（该论坛的部分代表担任中高层管理职务），并参加了三场项目经理研讨会，其中两场分别于 2015 年 12 月和 2016 年 1 月在天津举行，一场于 2016 年 1 月在江西南昌举行。通过与来自全国各地的与会者直接交流的方式发放了问卷。此外，还请与笔者有过合作或相识的建筑行业从业人员协助发放问卷。通过上述方式发放 164 份，剔除 8 份无效问卷后，得到 156 份；答卷率为 72.9%。这一回复样本量符合最小样本量的经验法则，即任何建构的最大路径数的 10 倍（Hair et al.，2012）（本章的最小样本量为 $10 \times 6 = 60 < 156$）。此外，丰富的样本来源保证了所确定的受访者和项目的多样性，从而提高了响应样本的代表性。表 3 - 1 显示了受访者和项目的背景资料。

表 3 – 1   **被调查者和项目的背景**

类别	数量（人）	比例（%）
被调查者信息		
性别		
女	13	9.33
男	143	91.67
职位		
项目经理	46	29.49
总工程师	32	20.51
部门经理	62	39.74
其他	16	10.26
处于当前职位年限		
1~3 年	26	16.67
4~8 年	39	25.00
9~14 年	52	33.33
15~20 年	25	16.03
>20 年	14	8.97
项目信息		
项目类型		
办公	21	13.20
住宅	27	17.40
商业建筑	19	12.20
公共建筑	21	13.60
基础设施建筑	51	32.60
其他	17	11.00
项目预算（元）		
<1000 万	21	13.46
1000~5000 万	32	20.51
5000 万至 1 亿	24	15.38
1 亿至 10 亿	60	38.46
>10 亿	19	12.18

（2）变量测量。所有潜在变量均通过多个测量项进行量化（见表 3 - 2）。这些量表全部来自相关文献，并已做出适当的调整以适应工程项目的背景。问卷最初由英文文献获得，然后由两名工程项目管理的博士生翻译成中文。两名工程项目管理学者和三位从业者被邀请到此次调查中。然后根据他们的意见和建议修改问卷。

表 3 - 2　　　　　　　　　　　量表和因子载荷

构念和题项	载荷
直接权力（MP）	
MP1：该业主可以援引合同条款来要求我方服从	0.675
MP2：如果我方没有顺从该业主的要求，他们有可能采取措施减少我方的利润	0.798
MP3：如果我方在某些方面服从该业主，他们将会在其他方面给我方回报（提供方便）	0.594
MP4：如果我方不满足该业主的需求，他们可能会在其他事上为难我方	0.813
MP5：如果遵照该业主的要求，他们可能给予我方一定的奖励	0.590
团结性（S）	
S1：我方与该业主对项目预期目标达成了共识	0.910
S2：项目实施过程中我方与该业主配合紧密	0.851
S3：该业主是我方的一个重要合作伙伴	0.901
S4：我方和该业主不仅发展了商业关系，还发展了私人关系	0.848
绩效风险感知（PRP）	
PRP1：项目实施过程中，我方认为项目目标绩效可能无法实现	0.843
PRP2：项目实施过程中，我方预期自己的利润目标无法实现	0.814
PRP3：项目实施过程中，遇到困难时，我方认为业主无法为我们提供支持	0.807
关系风险感知（RRP）	
RRP1：项目实施过程中，我方认为该业主可能不会履行某些承诺	0.652
RRP2：项目实施过程中，我方与该委业主经常发生分歧	0.855
RRP3：我方认为该业主如果有机会就可能不顾及我方利益来降低自身成本	0.875
机会主义（O）	
O1：我方有时候会向其他方隐瞒某些事情	0.769
O2：我方有时候会推卸责任	0.790
O3：我方有时候不会完全按照正式的约定条款行事	0.724

续表

构念和题项	载荷
O4：为让其他方满足自己要求，我方有时候会以未来自己都不确定的事做筹码	0.701
O5：我方有时候会利用合同的漏洞	0.792
O6：面对需要共同完成的事情，我方有时候不会积极参与	0.739
O7：我方有时候会隐藏对其他方有利的信息	0.630
O8：面对工程变更或再谈判时，我方认为这可能是提高利润的机会	0.812

　　根据布朗等（Brown et al.，1995）的研究成果，制定了由 5 个测量项组成的量表来测量直接权力；采用由 4 个测量项组成的量表（Kim，2000）对团结性进行评估；同时还采用了具有 3 个测量项的量表分别对关系风险感知和绩效风险感知进行测量（Zhang and Li，2015）以及为了度量机会主义而采用的涵盖了 8 个测量项的量表（Luo，2006；Heide et al.，2007）。

　　3. 结果和分析

　　一般来说，偏最小二乘法结构方程模型（PLS-SEM）是分析李克特量表问卷调查数据的主要方法之一（Hair et al.，2016），其建立在外生变量解释模型最大方差的基础之上。在工程项目管理领域的文献中，一些研究人员使用的调查样本量小于基于协方差的结构方程建模（CB-SEM）推荐的最小样本量。基于协方差的结构方程建模（CB-SEM）是另一种检验变量间关系的方法（Molwus et al.，2013）。幸运的是，PLS-SEM 适合小样本量和倾斜分布（Reinartz et al.，2009）。因此，可以理解近年来在建筑管理研究中使用 PLS 软件的情况在稳步增加（Ping et al.，2015；Suprapto et al.，2015；Lu et al.，2016）。由于本章的最终样本量为 156 个，相对来说较少，因此使用 Smart PLS（3.2.1 版）来分析数据、验证模型假设（Ringle et al.，2015）。

　　（1）测量模型。测量模型的评估基于信度和效度（Hair et al.，2013）。信度包括单项信度和结构信度。单个题项信度通过标准化指标载荷进行评估。在 23 个测量项中，有 18 个标准化因子载荷超过 0.7 的阈值（见表 3-2），有 5 个测量项的因子载荷在 0.6 左右，高于海尔等（Hair et al.，2013）建议的 0.5 阈值；因此，测量项目的指标信度达到了令人满意的水平。结构信度通过综合信度（CR）和克朗巴赫 α 进行评估。CR 值大于 0.8 和 α 大于 0.7 是可以接受的。表3-3显示，本章中所有构念的 CR 值和克朗巴赫 α 均达到了临界值，这表明信度可以接受。使用平均变异抽取（AVE）来评估收敛效度。除直接力量外，其他潜变量的 AVE 值均大于0.5，但直接力量的 AVE 值为0.491，非常接近0.5。在区分效度方面，SmartPLS（3.2.1版）采用了两种方法：福内尔-拉克尔准则和 HTMT 准则（Macedo et al.，2016）。第一种标准使用 AVE 的平方根。如表3-4所示，对角线上所有 AVE 的平方根都大于相应行和列的非对角线元素，才能满足对有效性的判别。关于 HTMT 标准，目前还没有公认的判别有效性的阈值，本章采用了克莱恩和李涛（Kline and Little，2015）提出的0.85，与泰奥等（Teo et al.，2008）提出的0.90相比，该阈值更为保守。表3-5显示，所有 HTMT 值均低于0.85。否则，根据亨斯勒等（Hens-eler et al.，2015）的观点，自举分析得出的 HTMT 置信区间不包含1，拒绝了 HTMT≥1 假设（表3-5）。因此，判别效度是可以接受的。

表3-3　　　　　　　　信度和聚合效度分析

构念	AVE	组合效度（CR）	克朗巴赫 α 系数
团结性	0.771	0.931	0.901
直接权力	0.491	0.825	0.761
机会主义	0.558	0.909	0.886
绩效风险感知	0.675	0.862	0.759
关系风险感知	0.640	0.840	0.722

表3-4　　　　　　　　区分效度（Fornell-Larcker Criterion）

题项	S	MP	O	PRP	RRP
S	0.878	—	—	—	—
MP	0.251	0.701	—	—	—
O	-0.223	0.235	0.747	—	—
PRP	-0.277	0.003	0.609	0.822	—
RRP	-0.396	0.294	0.494	0.402	0.800

注：S：团结性；MP：直接权力；O：机会主义；PRP：绩效风险感知；RRP：关系风险感知。

表 3 - 5 　　　　　　　　　　　　　　　　HTMT 比例

题项	原始样本（O）	样本均值（M）	偏差	2.5%	97.5%
MP→S	0.369	0.381	0.012	0.258	0.548
O→S	0.249	0.259	0.011	0.143	0.424
O→MP	0.275	0.313	0.038	0.264	0.526
PRP→S	0.329	0.328	- 0.001	0.168	0.492
PRP→MP	0.138	0.201	0.064	0.249	0.408
PRP→O	0.729	0.728	- 0.001	0.589	0.861
RRP→S	0.476	0.477	0.012	0.310	0.632
RRP→MP	0.334	0.360	0.026	0.256	0.568
RRP→O	0.575	0.580	0.005	0.435	0.736
RRP→PRP	0.526	0.532	0.007	0.352	0.738

注：S：团结性；MP：直接权力；O：机会主义；PRP：绩效风险感知；RRP：关系风险感知。

　　（2）结构模型。为了验证假设，我们建立了完整的 PLS-SEM 结构模型来估计所有构念之间的路径系数（假设 H3 - 1 至假设 H3 - 6）。为了评估结构模型，计算了所有内生变量的测定系数 R^2（见图 3 - 2）。关于结构模型的拟合优度，标准化均方根残差（SRR）应小于 0.08（Hu and Bentler, 1999）。共同因子的 SRMR 为 0.077，复合模型的 SRMR 为 0.064，这表明我们的结构模型具有足够优秀的拟合度。

　　使用内生变量的构念交叉验证冗余指数（Q^2）来评估结构模型的预测相关性。内生变量的所有 Q^2 值均大于 0（见图 3 - 2），确保了模型的预测相关性（Chin, 2010）。

　　所有路径系数的显著性均通过包括 15 个案例、5000 个子样本的引导法进行评估（Hair et al., 2013）。图 3 - 2 显示，在六个假设中，假设 H3 - 1、假设 H3 - 2、假设 H3 - 3 和假设 H3 - 5 得到支持，而假设 H3 - 4 和假设 H3 - 6 被拒绝。结果表明，关系风险感知和绩效风险感知对机会主义有正面影响（假设 H3 - 1：b = 0.297；p < 0.001；假设 H3 - 2：b = 0.489；p < 0.001）。业主的直接权力对承包商关系风险感知有负面影响（假设 H3 - 3：b = 0.395；

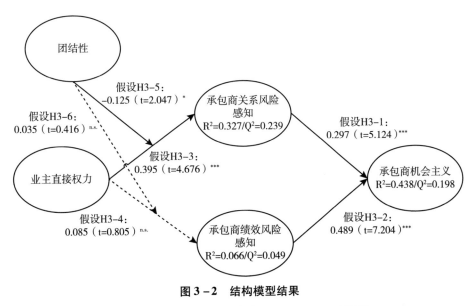

图 3 – 2　结构模型结果

注：＊表示 p＜0.05；＊＊表示 p＜0.01；＊＊＊表示 p＜0.001；n. s. ＝不显著。

p＜0.001）。然而，业主直接权力对承包商绩效风险感知的影响并不显著（假设 H3 – 4：b＝0.085）。此外，团结性对直接权力与关系风险感知之间的关系有明显的缓和作用（假设 H3 – 5：b＝ – 0.125；p＜0.05），但对直接权力与绩效风险感知之间的关系没有影响（假设 H3 – 6：b＝0.035）。为了进一步检验调节效应，我们进行了样本斜率分析，见图 3 – 3（a）、图 3 – 3（b）。根据团结程度绘制了三个斜率，分别是平均值、低于平均值一个标准差、高于平均值一个标准偏差。图 3 – 3（a）显示，当团结程度较高时，业主的直接权力对承包商关系风险感知的正面影响要弱于团结程度较低时。因此，假设 3 – 5 得到支持。图 3 – 3（b）显示，与低团结度相比，高团结度下业主直接权力对承包商绩效风险感知的影响几乎没有发生变化。因此，假设 H3 – 6 不被支持。此外，由于假设 H3 – 1 和假设 H3 – 3 得到了支持，为了更全面地了解关系风险感知在直接权力与机会主义之间关系中的作用，我们通过引导技术进一步计算了中介模型（见图 3 – 4）。结果显示，直接权力对机会主义的直接影响不显著（c＝0.121，t＝1.531，p＝0.124）；通过关系风险感知的间接影响是有意义（a·b＝0.136，t＝3.520，p＜0.000）。根据赵欣书等（Zhao et al.，2010）研究结果表明，关系风险感知在直接权力与机会主义的关系中存在竞争性中介效应。

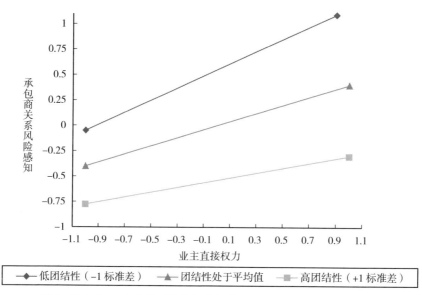

图 3 - 3 （a）　　团结性对直接权力与关系风险感知关系的调节作用

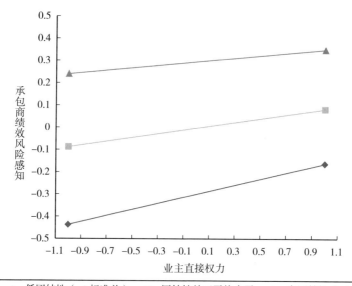

图 3 - 3 （b）　　团结性对直接权力与绩效风险感知关系的调节作用

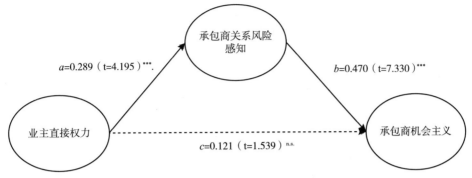

图 3-4　关系风险感知的中介作用

注：*** 表示 p < 0.001；n. s. = 不显著。

4. 讨论

本章探讨了风险感知和业主直接权力对承包商机会主义的影响，研究结论如下。

得到支持的假设 H3-1 和假设 H3-2 表明，高度风险感知会增加承包商成为机会主义者的倾向。感知到高关系风险的一方可能会认为另一方不会以自己期望的方式行事（Das and Teng，2001b）。为了防止潜在的损失或进行报复，承包商也可能会采取不良行为。这与卡尼尔斯和盖尔德曼（Caniëls and Gelderman，2010）的研究结果一致，即权力主导方的不当行为会使弱势方对合作关系产生消极态度，并做出类似行为。此外，承包商的高绩效风险认知会使业主陷入不理想的境地，即承包商采取机会主义行为的概率很高。高绩效风险意味着很有可能无法实现自己的目标，从而降低了承包商完全致力于合作的意愿。此外，根据前景理论，当预期利润低于人们选择的参考点时，人们更有可能采取可能带来利益的冒险行为（如成为机会主义者，这种行为具有风险性，因为一旦发现采取这种行为，违规方可能会受到惩罚并失去信誉）（Kahneman and Tversky，1979）。这意味着，如果承包商感知到的风险超过了他们的风险承受能力，他们更有可能成为机会主义者（Chang，2015）。

从得到支持的假设 H3-3 可以看出，业主的直接权力会对承包商的关系风险感知产生积极影响。在很大程度上，直接权力来自各方权力不对称。对承包商具有支配地位的业主通常拥有更多的直接权力，为了追求自身利益，其可以滥用这些权力要求对方违反自身意志。因此，与经常使用直接权力的业主合作的承包商更有可能从业主的不良行为中感受到高关系风险。这支持了泰穆里等（Teimoury et al.，2010）的研究结果，即强势一方的直接权力会对弱势一方的关系风险感知产生积极影响。这一发现也为达什和滕（2001a）的命题提供了实证证据，即权力不对称将导致较弱的一方感知到较高的关系风险，因为其允许强权一方行使强制力并控制另一方。假设 H3 - 4 的检验结果表明，业主的直接权力不会影响承包商对绩效风险的感知，这与提出的假设有所不同。原因可能是绩效风险与系统性因素更为相关。建设项目复杂且充满不确定性，面临着许多可能影响项目绩效的风险。与工地突发状况、劳动生产率、材料价格和供应波动、政府政策变化等客观风险相比，业主的直接力量可能相对微不足道。此外，直接权力的影响反映在各方的互动行为中，与双方关系更为相关。因此，这可以解释为什么直接权力对关系风险感知而不是绩效风险感知有更直接的影响。

统计结果还表明，直接权力完全是通过关系风险感知来影响机会主义的。也就是说，如果业主使用不合理的惩罚措施等直接权力迫使承包商做某事，承包商可能会认为关系规范被打破，承包商现有的机会主义倾向可能会升级。对外界刺激的内部评估是这种刺激对行为产生影响的中介，这是对计划行为理论的逻辑推导。鉴于此，关系风险感知可以解释业主的直接力量如何影响承包商的机会主义。

团结性的调节作用通过直接权力与关系风险感知之间的关系发挥作用（假设 H3 - 5）。团结性通过在各方之间营造一种共享价值观的关系氛围，调节承包商来业主直接权力的关系风险感知。也就是说，当双方对合作关系有相似的良好期待时，承包商可能会转换自身对业主使用直接权力的看法，不认为此种行为是不友好的，特别是当承包商高度依赖业主的情形下。此外，加强团结可以减少业主对自身不当地位的利用，使承包商对双方的关系更有信心。这种对关系风险感知的重要调节作用表明，在一定程度上，团结可以抵消直接权力对关系风险感知的不利影响，但这两个因素都不能单独对关系风险感知起决定性作用。

绩效风险感知的调节效用（假设 H3 - 6）并不显著。原因可能是业主的直接权力对承包商的绩效风险感知影响不大（假设 H3 - 4）。无论业主和承包商是否对双方的长期关系抱有共同的期望，直接权力与绩效风险感知之间的联系都可能保持不变。因此，这种不显著的调节效应可能会进一步验证本章中对业主的直接权力与承包商的绩效风险感知之间联系的推论。

3.3.2　调节聚焦对机会主义行为作用机理的实证研究

1. 研究假设

当事人的动机取向决定了对各方意图、行动和行为的解释（Das and Kumar，2011）。建设项目中的各方在实施机会主义行为的意愿上各不相同，其中一个原因可能是他们的动机取向不同。促进型焦点与目标最大化相关（Idson et al.，2000），只要能实现目标，促进焦点高（相对于低）的业主可能会尝试各种方法，甚至在台面下违反合同或关系合同。此外，在合作关系的形成阶段，注重宣传的一方更有可能夸大自己的能力，或提供误导性的信息，以诱使不明真相的一方进入合作关系（Das and Kumar，2011）。此外，高度关注宣传的项目经理更有可能为实现目标而冒险（Gino and Margolis，2011）。机会主义行为也是一种风险行为。正如卡尼斯和格拉德曼（Caniëls and Gelderman，2010）所指出的，机会主义可能会引发另一方采取针锋相对的策略；不仅如此，机会主义的受害者甚至可能会退出合同关系或实施惩罚；这样一来，合作关系将面临震荡的风险。但即便如此，如果机会主义行为能够实现目的，那么高度关注促进的业主也可能会铤而走险。因此，提出以下假设。

假设 H3 – 7：业主的促进焦点与其机会主义行为呈正相关。

防御为主与寻求避免失败有关（Idson et al.，2000）。以防御为主的企业具有强烈的遵守合同和履行责任的意识（Das and Kumar，2011）。为了确保项目的成功，各方可能会制定一份严格且完整的合同，以避免未来发生冲突，同时希望合作伙伴的行为具有可预见性并符合合同条款。由于机会主义行为旨在以他人利益为代价谋求自身利益，可能导致项目失败。因此，其他参与方的机会主义行为是合作方非常关注的问题，尤其是那些可能带来负面结果的事情。此外，机会主义行为可能会违反合同条款或关系规范（Zhang and Qian，2017），这有悖于以预防为主、强调责任和遵守规则的一方的价值观（Pennington and Roese，2003）。因此，由于对失败风险的容忍度较低，防御焦点较高的业主对合作伙伴机会主义的容忍门槛也可能较低，实施机会主义行为的倾向性也较低。因此，提出以下假设。

假设 H3 - 8：业主的防御焦点与其机会主义行为呈负相关。

2. 研究方法和设计

（1）研究设计。本章研究的问题是业主的动机取向（调节聚焦）是否会影响他们的机会主义。根据后实证主义，本章可采用演绎研究策略来探讨这一问题，因为现有理论对假设的提出具有实质性作用（Grix，2010）。因此，本章采用了定量调查法来检验假设。

（2）样本和数据收集。本章选择建设项目业主的从业人员作为潜在受访者，分析单位侧重于一方，这可以控制理论模型上的各方。我们发放问卷的业主是那些与承包商进行日常协调并对他们之间的关系有充分了解的人，如项目经理、部门经理、项目代表等。

为了发放问卷，作者参加了在天津举办的三场研讨会，旨在提高从业人员在项目管理和 EPC 合同管理方面的能力。参会人员均来自一些大型公司，这些公司大多为国有企业，经常代表政府负责高速公路建设、城市轨道交通建设等基础设施建设。共发放纸质问卷 93 份。在与作者有合作或相识的建筑行业从业人员的帮助下，发放了 65 份问卷。为了提高回收率，采用了"滚雪球"的方法（共发放了 88 份调查问卷），即要求受访者或承包商从业人员提供其他潜在受访者的联系方式（如电子邮件或社交软件微信名）。通过以上方式，共发出问卷 246 份，收回 140 份，剔除 17 份无效问卷后，得到 123 份；回收率为 56.91%。大部分参与者为男性（85.37%），这也符合该行业的性别特点。共有 18.7% 的参与者担任项目经理职务，36.59% 的参与者担任业主代表，27.64% 的参与者担任部门经理，其余参与者担任其他职务。大多数受访者担任现职的时间不足 8 年（71.55%），超过 20 年的占 3.25%。他们填写的调查问卷显示出他们参与的项目类型多种多样：25.2% 的人参与住宅项目，21.14% 的人参与基础设施建设项目，18.7% 的人参与办公项目，其余的人参与公共项目和工业项目。

（3）变量测量。问卷以英文编制。根据标准的翻译 - 回译程序（Brislin，1980），该问卷由三名工程建设专业的博士生翻译成中文，然后由另外三名工程建设专业的博士生回译成英文，以确保与原文保持一致。问卷采用李克特量表，从 1 分（非常不同意）到 7 分（非常同意）。根据达斯和库莫（Das and

Kumar，2011）的研究成果，使用具有 10 个测量项的量表对调节聚焦进行操作。其中 5 个测量项用于衡量促进焦点（例如，我们根据"成功最大化"的原则做出决策；为了实现目标，我们可以打破常规）。另外 5 个测量项用于衡量防御焦点（例如，我们将"避免损失/失败"作为行动指南；我们严格执行企业内部规章制度）。还采用了含有 7 个测量项的量表来衡量机会主义（比如，我们有时会为了保护自己的利益而在某些事情上撒谎；我们有时会答应做某些事情，但后来却没有真正去做）。最后，结构模型包括两个控制变量，即与合作伙伴的先前合作（业主之前是否与合作伙伴有过交换关系）和先前合作满意度（如果有过合作经历，则业主对先前合作经历的满意程度）。

3. 结果和分析

一般来说，部分最小二乘法结构方程模型（PLS-SEM）是分析李克特量表问卷调查数据的主要方法之一，尤其适用于样本量较小且分布偏斜的情况（Reinartz et al.，2009），由于样本量为 123 个，相对较少，本章采用偏最小二乘法结构方程模型（PLS-SEM）对数据进行统计分析。按照海尔等（Hair et al.，2013）给出的 PLS-SEM 指南，使用 SmartPLS（3.2.8 版）评估了代表变量之间结构路径的结构模型，以及代表每个变量与其相关指标之间关系的测量模型。

（1）测量模型。测量模型的评估基于信度和效度（Hair et al.，2013）。所有项目的标准化指标负荷均高于海尔等（Hair et al.，2013）建议的 0.5 临界值（见表 3-6）。

表 3-6　　　　　　　　　　信度和聚合效度证据

结构和项目	AVE	CR	克朗巴赫 α 系数	负荷
—	0.547	0.855	0.803	—
调节聚焦（ProF）	—	—	—	—
ProF1	—	—	—	0.591
ProF2	—	—	—	0.629
ProF3	—	—	—	0.78
ProF4	—	—	—	0.809
ProF5	—	—	—	0.852

结构和项目	AVE	CR	克朗巴赫 α 系数	负荷
防御焦点（PreF）	0.549	0.855	0.832	—
PreF1	—	—	—	0.783
PreF2	—	—	—	0.814
PreF3	—	—	—	0.888
PreF4	—	—	—	0.507
PreF5	—	—	—	0.651
机会主义行为（OB）	0.490	0.869	0.836	—
OB1	—	—	—	0.795
OB2	—	—	—	0.691
OB3	—	—	—	0.633
OB4	—	—	—	0.638
OB5	—	—	—	0.575
OB6	—	—	—	0.794
OB7	—	—	—	0.742

所有构念的克朗巴赫 α 系数均大于 0.7，CR 值均大于 0.8，表明构念信度得到认可，测量模型达到了令人满意的信度水平。除机会主义行为外，所有构念的平均变量提取（AVE）均大于 0.5，但其 AVE 也接近 0.5，表明收敛效度得到认可。根据福内尔 - 拉克尔标准，所有对角线上的 AVE 的平方根必须大于相应行列中的非对角线元素，这样才能达到满意的区分效度。表 3 - 7 显示了测量模型的满意结果。因此，有效性是可以接受的。

（2）结构模型。为了验证假设，我们建立了完整的 PLS-SEM 结构模型（假设 H3 - 7、假设 H3 - 8）。计算了所有内生结构的区分系数 R^2（见图 3 - 5）。使用内生变量的构念交叉验证冗余指数（Q^2）来评估结构模型的预测相关性。内生变量的所有 Q^2 值均高于 0（Chin，2010），因此，模型的预测相关性被接受。

表 3－7　　　　　　　　　区分有效性（福奈尔－拉克尔标准）

项目	ProF	PreF	OB
ProF	0.739	—	
PreF	0.267	0.741	—
OB	0.238	−0.157	0.7

注：ProF：调节聚焦；PreF：防御焦点；OB：机会主义行为。

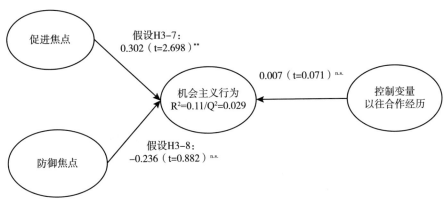

图 3－5　以先前合作为控制变量的结构模型结果

结构模型中自变量与因变量之间的路径系数是通过自举法（bootstrapping）对 123 个案例、5000 个子样本进行评估的（Hair et al.，2013）。首先，作者控制了先前合作对因变量的影响。图 3－5 显示，促进焦点与机会主义行为之间的路径系数显著（假设 H3－7：$b = 0.302$，$p < 0.01$），但防御焦点与机会主义行为之间的路径系数不显著（假设 H3－8：$b = −0.236$，n.s.）。其次，在控制先前合作满意度对因变量影响的情况下，对结构模型进行了评估。结果同样表明，促进焦点对机会主义行为有积极影响（见图 3－6，假设 H3－7：$b = 0.392$，$p < 0.05$）；但防御焦点对机会主义行为的影响不显著（见图 3－6，假设 H3－8：$b = 0.199$，n.s.）。因此，两个模型的结果都表明，假设 H3－7 得到支持，假设 H3－8 被否定。这意味着，即使有控制变量（先前合作经验和先前合作满意度）的影响，业主的促进焦点对其机会主义行为也有积极影响，但其防御焦点则没有。

本章从支持的假设 H3－7 和不支持的假设 H3－8 中发现，与防御导向型业主相比，促进导向型业主更有可能采取机会主义策略来实现其目标。这支持达什和库马尔（Das and Kumar，2011）的观点，即不同调节导向的企业在实施机会主义行为的倾向上会有所不同。

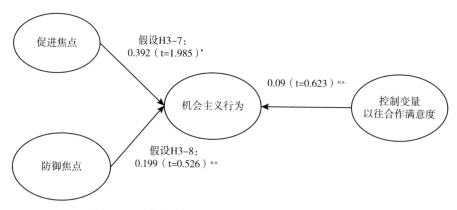

图3－6　以先前合作满意度为控制变量的结构模型结果

假设 H3 - 8 不成立，原因可能是机会主义行为意味着违反道德规则，而防御焦点的一个重要特征就是遵守规则。道德规范被社会普遍接受，约束着社会中大多数人的行为。因此，在很大程度上，是促进焦点而不是防御焦点决定了业主的机会主义行为倾向。

此外，机会主义有两种不同形式：主动形式和被动形式（Wathne and Heide，2000）。主动机会主义是指行为者参与明令禁止的行为，而被动机会主义则是指行为者未能履行其预期义务。在这两种形式中，防御焦点对机会主义的影响可能有所不同（Das and Kumar，2011），但本章没有具体区分这两种形式，这可能是假设 H3 - 8 不成立的原因。

3.4　结论与启示

本章通过进行两项实证研究，进一步阐述机会主义行为发生机制。一研究从风险感知的新视角出发，探讨承包商机会主义的成因，为建设项目中利益相关者关系管理作出了贡献。研究结果表明，风险感知是连接外部因素与机会主义的重要桥梁。研究还通过调查业主的直接权力如何影响承包商机会主义，从而扩展了机会主义前因的范围。因此，为了减少承包商的机会主义，业主应考虑承包商会面临哪些风险，并抵制对承包商不当使用直接权力的诱惑。此外，考虑到直接权力对关系风险感知的影响会由于团结的出现而缓解，因此在双方之间营造良好的关系氛围可能是一项有用的措施。另一研究则通过建设项目业主的数据证实，促进焦点会对机会主义行为倾向产生积极影响，而防御焦点则不会。这两项研究通过从直接权力与风险感知、调节聚焦两方面对机会主义的影响进行深入剖析，为工程项目组织间关系震荡发生机理及对项目绩效影响研究作出了一定贡献。

3.4.1 理论贡献

探讨业主直接权力如何通过风险感知影响承包商机会主义以及团结对直接权力与风险感知之间关系的调节作用的这项研究对建设项目中的利益相关者关系管理具有重要意义。

首先，本章结合了风险管理、权力理论和关系交换理论来探讨承包商的机会主义倾向。虽然机会主义在买方与供应商关系管理中备受关注，但在工程项目背景下，相关文献却很少，承包商机会主义产生的原因尚未得到充分研究（Korczynski，1994；Ping et al.，2015；Lü et al.，2016）。本章为机会主义研究带来了关于风险感知的新视角，并考虑了两种补充风险类型：关系风险和绩效风险。研究表明，风险认知是连接外部因素与机会主义的重要桥梁。基于有关风险决策的大量文献，本章不讨论风险防范机制。相反，我们对文献进行了重新定位，认为风险感知可以解释组织机会主义的倾向。在建设项目中，除了自然灾害、政治风险和汇率波动等风险外，各方都要应对对方行为不确定性带来的风险（Xiang et al.，2012）。在这种情况下，参与建设项目的利益相关者必须在每个项目的实施过程中持续关注关系风险和绩效风险。因此，在研究业主与承包商的关系时，考虑这两种类型的风险感知更有意义。

其次，本章借用权力理论来探讨承包商的机会主义。买方 – 供应商关系管理研究者普遍认为，直接权力会对机会主义产生积极影响（Benton and Maloni，2005；Handley and Benton，2012）。然而，虽然业主与承包商关系中的权力不对称在实践中已得到广泛认可，但建设行业中的大多数关系文献却对此讳莫如深（Forsythe et al.，2015）。本章填补了这一空白，引入风险感知作为中介变量，从而扩大了工程项目管理中研究机会主义前因的边界。

最后，本章结合团结和权力理论，对风险感知文献提出了新的见解，并指出在共同愿景的良性关系氛围下，承包商可能会感知到更少由业主的直接权力引发的关系风险。本章还丰富了建筑行业的关系管理文献，加深了对团结在缓解机会主义方面作用的理解。

探讨调节聚焦对机会主义行为影响的研究对项目管理中利益相关者的关系管理具有重要的理论意义。本章结合 RFT 探讨了机会主义的诱导机制。机会主义的诱因近年来受到一定关注，但以往文献多基于代理理论、交易成本理论、资源依赖理论和关系契约理论（Crosno and Dahlstrom，2008；Zeng et al.，2015；Zhang and Qian，2017），当事人的特征如何影响其机会主义的问题一直被忽视，甚至有研究者提出企业或组织的动机取向对其决策行为起着至关重要的作用（Das and Kumar，2011；Johnson et al.，2015）。本章填补了这一空白，通过纳入 RFT，扩展了项目管理研究中机会主义前因的边界。

本章通过借用调节聚焦来描述各方的动机取向，对各方的固有特征进行了新的阐释。调节聚焦主要用于个体层面，但本章表明其也可用于企业层面。这一结论与达什和库马尔以及约翰逊等的观点共鸣（Das and Kumar，2011；Johnson et al.，2015），即调节聚焦具有塑造组织特征的潜力。这一理论的证明为今后研究项目参与方的特征和行为奠定了基础。

3.4.2　管理启示

对直接权力、风险感知与机会主义行为三者关系的研究可以为建设项目中处于主导地位的利益相关者提供一些启示，这些利益相关者有意遏制弱势方的机会主义行为。承包商的风险感知与其机会主义行为密切相关，这是本章一个重要的观察结果，它为控制承包商的机会主义和关系管理开辟了一条可能的途径：如果业主能够影响承包商的风险感知水平，那么它也可能影响承包商的机会主义水平。为了降低承包商的关系风险感知，业主应更多地关注自身行为对承包商的潜在影响，因为对业主不良行为的预期可能会引发承包商将其机会主义倾向转化为实际的机会主义行为。在绩效风险感知方面，业主应更多地关注承包商的目标，使风险回报分配更加公平。

在使用直接权力之前，业主需要充分考虑潜在的风险。他们应该时常反问自己，是否有必要以胁迫的方式解决问题。一旦形成敌对气氛，业主可能需要应对承包商的不良行为。更好的办法是与承包商建立长期的合作关系，业主可以大力强调实施一种明确的、双方都同意的保障机制，以确保与承包商之间的权力平衡。本章还发现，团结性对直接权力与关系风险感知之间的关系具有负向调节作用，鉴于此，另一项措施在日常行为中营造具有共同价值观的良好关系氛围——可能也是有用的。因此，业主必须准备好花费资源（如时间）和发展管理技能，如组织建立信任活动，与承包商建立紧密团结的良好关系氛围。

从调节聚焦角度研究业主机会主义还为打算管理利益相关者关系的建设项目从业者提供了一些启示，证实了各方确实表现出不同的调节聚焦，而他们的促进焦点会积极影响他们的机会主义行为倾向。这是一个重要的观察结果，因为它可以部分回答各方机会主义行为的动机来自何处这一问题。有了这些发现，各方就更容易预测他人的机会主义行为，从而选择更有效的方式来控制这种行为和进行关系管理。当与晋升导向的一方合作时，可能需要更严格的监督来抑制其机会主义行为。此外，各方可以通过调节聚焦了解自己和其他各方的动机取向类型，这有助于了解其他各方的特点。有了更好的相互了解，各方可以更容易地理解他人的决策动机，选择更有效的项目管理方法。此外，两种不同动机取向的各方会有不同的行为方式，倾向于不同的合作方式，因此，有时各方可能需要摆脱各自恒定动机取向的限制，在各种条件下相互协调。

3.4.3　局限性和未来研究方向

虽然从风险感知角度探讨承包商机会主义的研究对学术界和实践界都作出了重要贡献，但也存在一些局限性。第一，虽然业主与承包商之间的权力不对称很常见，但除了直接权力外，还有许多其他因素，如管理者特征和外部环境也可能影响机会主义。未来的研究可以探讨这些问题，以扩展对机会主义的理解。第二，本章只探讨了业主在建设项目中对权力的使用，承包商的权力如何影响机会主义可能是另一个需要研究的方面。第三，本章调查的项目中有32.6%是基础设施项目，这类项目的业主和承包商数量较少，市场可能并不完善，因此工程的可获得性和竞争力与其他类型的项目不同。这可能会影响承包商的风险意识。此外，基础设施项目的业主大多是公共部门，他们更有可能对承包商发号施令或进行控制（Ling et al.，2014）。第四，与传统采购方法相比，合作采购方法可能会降低承包商的风险感知，因为与业主的关系可能更加紧密，风险分配机制可能更加公平。因此，未来的研究可以充分扩大数据集，以便针对不同类型的项目、不同的业主（公共、私营、机构、商业等）和不同的采购方式，探讨直接权力及其对风险感知的影响。第四，本章将机会主义作为一个整体进行研究。然而，一些研究者将机会主义分为两种类型：强形式机会主义和弱形式机会主义（Liu et al.，2014），或积极主动的机会主义和推卸责任的机会主义（Handley and Benton，2012）。在未来对建筑管理中的机会主义进行研究时，应考虑这些机会主义类型。第五，本章以业主与承包商之间的二元关系为例，但是还有其他利益相关者，如咨询单位和供应商，他们也在建设项目中也扮演着重要角色。在建设项目的实施过程中，他们相互影响。未来的研究可以将他们纳入三角层面的或使用社会网络方法。

研究同样存在一些局限性，这可以为今后的研究开辟新道路。在不同规模的业主、私人或私营企业、公有制或国家文化中，开展业务的方式可能会有所不同。机会主义倾向也可能取决于这些因素。未来的研究可以将这些因素纳入概念模型，从而扩大调查范围。此外，调节聚焦是为描述个人层面的动机取向而主动建立的。然而，本章将其用于考察企业的动机。尽管之前的研究已将其从心理导向推广到组织激励，但是仍需开展更多研究，探讨调节聚焦如何与行为的结构性解释（如制度理论）相联系（或不相联系）。

第4章 工程项目组织间关系震荡触发的仿真分析

——以业主和承包商为例

通过第 1 章构建业主和承包商关系震荡因素的 ISM 模型，以及要素的驱动力和依赖性分析，有助于厘清各关系因素之间的作用路径，并筛选出具有关键性、根本性影响的要素。但 ISM – MICMAC 分析无法观察各因素和关系震荡之间的动态交互作用，因此，本章基于前文得到的要素间因果关系和关键因素，构建二者关系震荡触发的仿真模型，通过 Agent 建模仿真方法动态演绎业主和承包商之间关系的演化过程，以及关系震荡因素和关系震荡导火索事件对关系震荡触发的影响。

4.1 基于 Agent 的建模与仿真

4.1.1 基于 Agent 的建模仿真方法

1994 年，奥兰德教授基于个体与环境的交互角度，首次提出复杂适应系统理论（complex adaptive system，CAS）。该理论的核心在于主体的复杂性和对环境的适应性，而系统的发展正是由不同主体同复杂世界的不断交互而推动的（田丰、李侠和李坚石，2008）。基于多智能主体的建模与仿真方法（agent-based modeling and simulation，ABMS）以复杂适应系统为理论基础，借助计算机技术和系统网络模型，通过规定仿真主体、主体属性以及主体间的交互规则，将模型转化为计算机语言，以系统中主体的交互情况模拟现实世界的个体行为选择。通过对个体和环境特征的刻画，以及对复杂系统的仿真模拟，实现从个体到整体、从微观到宏观、从局部到系统的大规模涌现（邓宏钟、谭跃进和迟妍，2000）。

不同于其他系统研究中主体对象的单一性和简单化，ABMS 的主体具有高度适应性、自主选择性和智能性。系统中的不同主体具有不同的属性特征，不同特征的主体在面对其他个体和环境的变化时会做出不同的行为决策，符合现实社会中不同主体的差异性和选择的多样性（徐晓蓓和袁红平，2021）。并且，随着个体之间以及个体和环境之间的不断交互，每个个体都会根据系统变化不断调整自己的行为从而提高自己的环境适应度。因此，ABMS 的模型主体、环境以及交互行为都无限接近于现实世界，能够深刻剖析微观个体行为本质，同时从宏观上把握系统的演化和涌现情况。

ABMS 因其仿真的科学性和有效性，因此其应用范围广且频次高。目前，在建筑领域，已有大量学者借助多主体建模与仿真对施工安全事故、安全行为等展开模拟研究。钟硕华（2019）以及刘世杰和李书全（2021）通过建立 Agent 仿真模型，模拟坍塌事故应急救援、工人安全行为的传播情况。陈震、何清华和李永奎（2018）以工程项目利益主体为依据，建立以组织公民为 Agent 主体的项目绩效演化模型，仿真不同的行政环境和公民行为对业主、设计方、监理方等利益相关主体绩效的影响，实现了公民行为视角下建设项目绩效的提升。丁艳等（Ding et al.，2022）通过建立人员 Agent 和设施 Agent 的交互模型，预测人机交互情形下的建筑能耗，并使模型预测的精确度得以提高。基于 ABMS 的仿真优势和业主与承包商行为的复杂多变性，本章构建包括业主、承包商两大主体在内的多 Agent 模型，观察不同的因素和导火索事件对二者关系震荡触发的影响具有较高的适用性和可行性，仿真流程如图 4 - 1 所示。

4.1.2　Netlogo 仿真平台

基于多主体的建模与仿真可通过多个平台实现，如 Netlogo、Anylogic、Swarm、Ascape 等平台。其中，Netlogo 不仅可以免费下载，安装简便，而且平台本身自带大量模型库供用户学习借鉴，学习门槛相对较低，操作流程相对便捷。除此之外，Netlogo 平台可全程观测到目标主体的扩散和演变情况，其实

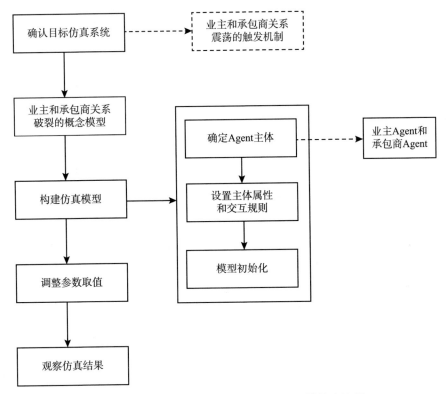

图 4 - 1　业主和承包商关系震荡触发机制的仿真流程

验结果的可视化程度高，且易于调整和观察。Netlogo 平台因其功能强大广受学者喜爱。Netlogo 平台是乌里·维伦斯（Uri Wilensky）1999 年首次开发并投入使用的仿真软件，自开发至今已调试更新多个版本，最新版本在修复旧版本漏洞的基础上对安装流程、命令语言、模型库等进行了优化更新，大大提升了软件的使用效率和用户体验感。Netlogo 平台不仅对自然界的现象具有良好的模拟效果，对社会经济系统的仿真也同样适用。

　　Netlogo 仿真平台中包含四大主体：海龟（turtles）、瓦片（patches）、链（links）和观察员（observer）。其中，海龟代表系统模型中的 Agent 主体，可以有一类或多类，但通常每类主体的数量不止一个，每个海龟拥有不同的属性和行为方式；瓦片则是海龟在网络世界中的运行空间，每个瓦片代表一个网格，不同的海龟可以在不同的瓦片上活动，也可以多个海龟同时附着在同一瓦片上，但其活动方式是随意自由的；链的作用在于将海龟两两相连，表示模型主体间的联系。观察员即为研究学者，通过编辑代码、调整参数以及在命令窗口中发出指令，实现海龟的不同属性设定以及系统中个体之间或个体和环境之间的交互，并最终完成目标系统的模拟实验。

综合考虑 Netlogo 平台的上述优势特性，及其对复杂系统随时间变化而不断涌现的生动展现，本章选取此平台对业主和承包商关系震荡的触发机制进行仿真模拟。

4.2 业主和承包商关系震荡触发的概念模型

根据前文对业主和承包商合作关系、关系质量、关系震荡相关文献的梳理和汇总，在社会交换理论和计划行为理论的指导下，构建包含 10 个因素、2个导火索事件、关系满意度水平在内的业主和承包商关系震荡触发的概念模型，如图 4-2 所示。业主和承包商基于共同建设目标建立合作关系，通过沟通、协作等行为积极维护合作关系，并在此过程中双方对于合作关系的满意度不断提升，然而，随着合作的不断开展，二者开始出现冲突、欺瞒等消极行为，受合同内容不完整、信息不对称等因素影响，二者对合作关系的满意度水平开始下降，进而导致关系质量受损，并随着工程项目进入后期，业主拖欠工程款以及承包商拖延工期等事件频繁发生，关系满意度持续下降，导致双方不断降低对未来的交易期望，因而不愿进一步维系合作关系，触发业主和承包商关系震荡，最终导致工程项目失败。

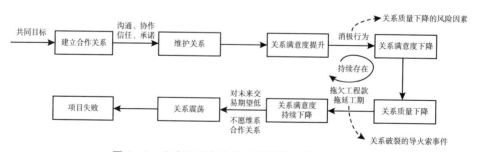

图 4-2 业主和承包商关系震荡触发的概念模型

4.3　基于 Agent 的业主和承包商关系震荡触发的仿真模型构建

在已构建的业主和承包商关系震荡触发的概念模型的基础上，根据前文通过 ISM – MICMAC 分析所确认的导致关系震荡的 10 个关键因素、双方关系震荡的 2 个直接导火索事件，以及业主和承包商关系震荡触发的概念模型，本章用业主和承包商对合作关系的满意度来体现双方关系震荡直至发生关系震荡。具体来看，当业主和承包商中的某一方或是双方对该某一项目的关系满意度降至 0 以下时，代表双方之间关系震荡，项目长期停工甚至终止。模型中有若干个业主和承包商，业主和承包商关系震荡的次数越多代表失败的工程项目越多，说明所考察的因素和导火索事件对关系震荡的影响越大。接下来，通过设定 Agent 行为主体及其属性、主体间的交互规则以及参数取值来对业主和承包商之间合作关系的演化过程进行仿真模拟。业主和承包商关系震荡触发的 Agent 仿真模型如图 4 – 3 所示。

4.3.1　模型假设

本章旨在通过构建基于多 Agent 的业主和承包商关系震荡触发的仿真模型实现从现实世界到虚拟情境的仿真模拟。为使模型更贴近实际，根据实际项目情景中业主和承包商的特点赋予模型主体相应的行为决策方式，并根据仿真实验调整相应参数取值。但现实情况下，业主和承包商的关系演化受到内外部环境的共同影响，并且影响因素不止于本章的分析内容，因此，在构建仿真模型之前，对模型做出如下假设。

假设 H4 – 1：工程项目中包含设计单位、业主、施工单位、监理单位、咨询单位等多方参与主体，并且各主体之间相互联系、互相影响，鉴于本章旨在研究业主和承包商的关系震荡情况，因此模型主体分为业主 Y 和承包商 C 两类，并假设两类主体不受模型以外的其他个体和环境的影响；

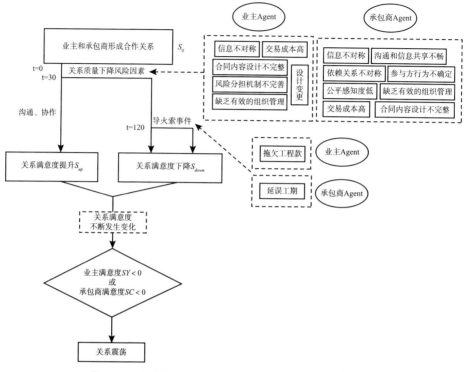

图 4 – 3　业主和承包商关系震荡触发的 Agent 仿真模型

　　假设 H4 – 2：模型中有若干个业主和承包商，两两之间的合作代表不同的工程项目，为避免模型在实际运行时出现一个承包商对应所有发包商而使仿真过程不具有随机性，故设定一个业主对应一个承包商；

　　假设 H4 – 3：业主和承包商在最初建立合作关系时，双方对关系满意度水平为正，且业主 Y 和承包商 C 此时的关系满意度水平一致，用 S_0 表示，即初始关系满意度水平；

　　假设 H4 – 4：业主和承包商随着交流协作的进一步开展，双方的关系满意度水平不断提高，假设业主 Y 和承包商 C 增加的关系满意度水平一致，用 S_{up} 表示 t 时刻主体关系满意度的增长水平；

　　假设 H4 – 5：关系因素和导火索事件出现的时间不同，结合访谈专家的项目经验，仿真天数设置为 180 天，规定 $t = 30$ 时，因素开始对模型产生影响；$t = 120$ 时，导火索事件开始出现在模型中，并对业主和承包商的关系满意度产生影响。

4.3.2　Agent 选取及属性设置

1. 发包商 Agent

根据前文业主和承包商关系震荡的因素清单（见表 2 – 4）以及专家访谈过程中整理的专家意见和建议可知，业主 Agent 属性包含缺乏有效的组织管理（$IOMY$）、设计变更（DC）、合同内容设计不完整（UC）、交易成本高（HCY）、风险分担机制不完善（IRM）、信息不对称（IAY）、拖欠工程款（DP）。根据前文研究所得的业主和承包商关系震荡的多层递阶解释结构模型，对业主 Agent 的属性进行规定。因系统中要素可能受系统之外的其他要素影响，并且理论模型和现实情况存在差异，因此引入随机扰动项 ε_i，以使实验更加贴合实际，α_i 表示主体属性相关变量的权重系数。

业主缺乏有效的组织管理（$IOMY$），指业主单位因相关管理、技术人员缺乏必备的管理素养和专业技能，从而导致决策失误，影响与承包商之间的合作效率。

设计变更（DC），结合前文对因素的识别以及专家访谈的意见，通常情况下业主原因导致施工过程中出现的设计变更不仅会增加成本开支，更会成为双方关系对立的风险隐患，与业主缺乏有效的组织管理（$IOMY$）有关。因此本章将设计变更规定为业主 Agent 的属性，可表示为：

$$DC = IOMY + \varepsilon_1 \tag{4 – 1}$$

合同内容设计不完整（UC），合同制定过程中除遵循标准的建筑合同范例，业主和承包商需就可能出现的各种情况共同进行商定，但由于合同制定的主导权属于业主，因此将合同内容设计不完整划归业主 Agent 属性，且内容不完整主要受业主单位管理人员缺乏有效的组织管理（$IOMY$）影响，可表示为：

$$UC = IOMY + \varepsilon_2 \tag{4 – 2}$$

交易成本高（HCY），业主需向承包商就人工、材料、设施等投入结算工程价款，以及为确保项目顺利进行必不可少的监督、管理等活动的成本支出，设计变更需要重新与勘探、设计等单位进行沟通，因此会导致成本费用增加，并且业主单位组织管理效率低、决策失误同样可能增加额外成本，因此成本与缺乏有效的组织管理（$IOMY$）和设计变更（DC）有关，具体可表示为：

$$HCY = \alpha_1 IOMY + \alpha_2 DC + \varepsilon_3 \qquad (4-3)$$

风险分担机制不完善（*IRM*），业主和承包商之间有不同的风险分担原则，但大多数项目中双方采取风险共担的原则，并且在工程实践中，业主往往会忽略承包商的风险偏好，甚至将风险转嫁给承包商，故将风险分担机制不完善归为业主 Agent 的属性。风险分担机制不完善与合同内容设计不完整（*UC*）有关，具体表示为：

$$IRM = UC + \varepsilon_4 \qquad (4-4)$$

业主信息不对称（*IAY*），指业主往往不能全面及时地掌握项目的进展情况以及最新的施工工艺。

拖欠工程款（*DP*），指业主不能按照合同规定期限和数额及时支付承包商工程款。

2. 承包商 Agent

基于前文业主 Agent 属性的确定方法确定承包商 Agent 的属性。承包商 Agent 的属性包括缺乏有效的组织管理（*IOMC*）、交易成本高（*HCC*）、依赖关系不对称（*DA*）、信息不对称（*IAC*）、沟通和信息共享不畅（*ICS*）、参与方行为不确定（*UB*）、公平感知度低（*LPF*）、拖延工期（*DS*）。ε_i 为随机扰动项。

承包商缺乏有效的组织管理（*IOMC*），主要体现在承包商单位内部管理效率低，资源调配不合理，对双方协作造成不利影响。

承包商交易成本高（*HCC*），主要包括信息成本、材料采购成本以及业主要求承包商交纳的保证金和安全管理费等费用。

依赖关系不对称（*DA*），业主和承包商之间不对等的资源和信息分布以及资源获取的难度和成本是导致双方依赖关系不对称的主要原因，二者的合作中承包商往往处于劣势地位，对业主具有较强的依赖性。故不对称依赖与交易成本高（*HCC*）和信息不对称有关（*IAC*），可表示为：

$$DA = \beta_1 HCC + \beta_2 IAC + \varepsilon_5 \qquad (4-5)$$

承包商信息不对称（*IAC*），指承包商作为工程项目承包人，对项目的整体情况以及项目所处的各种自然、社会状况不能全面掌握，往往处于项目信息劣势，与沟通和信息共享不畅（*ICS*）和交易成本（信息获取成本）（*HCC*）高有关，具体表示为：

$$IAC = \beta_3 ICS + \beta_4 HCC + \varepsilon_6 \qquad (4-6)$$

沟通和信息共享不畅（ICS），指承包商未及时就项目进展以及施工过程中出现的各种问题与业主单位相关负责人进行汇报和沟通，也不能充分掌握业主的需求变化，与承包商行为不确定（UB）、缺乏有效的组织管理（$IOMC$）、公平感知度低（LPF）有关，并且访谈小组专家表示，管理水平主要影响双方的沟通效果，公平感知度低、承包商行为不确定则对沟通效果和沟通意愿都有所影响，可表示为：

$$ICS = \beta_5 UB + \beta_6 IOMC + \beta_7 LPF + \varepsilon_7 \qquad (4-7)$$

承包商行为不确定（UB），结合专家意见可知，实际建设项目合作过程中，由于绝大多数施工人员受教育程度较低，在素质和能力水平上与业主单位的管理、技术等人员相比较低，因此更易出现态度差、缺乏责任感、矛盾冲突等不确定性行为，因此将参与方行为不确定归为承包商的属性。与交易成本高（HCC）、公平感知度低（LPF）有关，可表示为：

$$UB = \beta_8 HCC + \beta_9 LPF + \varepsilon_8 \qquad (4-8)$$

公平感知度低（LPF），因承包商处于相对弱势的地位，对项目不具备所有权和主动权，因此在与业主的合作过程中易受业主影响，并且有更加强烈的不公平感和挫败感，对项目的顺利与否极为重要（李真、孟庆峰、盛昭瀚等，2012）。

拖延工期（DS），指承包商由于自身原因而未按合同规定期限完成项目建设任务。

4.3.3　模型交互规则

（1）业主和承包商关系满意度提高。在整个合作过程中业主和承包商随着交流协作的不断深入，二者的关系满意度不断提高。并且在合作关系建立初期，由于交流相对较少，二者的关系满意度水平增长较慢，随着合作不断加深，双方信任水平逐渐提高，对关系的满意度明显提高，并随着合作接近尾声，双方关系满意度的增长放缓且趋于稳定（施绍华，2014），用公式表示为：

$$\left\{\begin{array}{l} S_{up}(t) = \lambda\Pi_{t=1}^{t=n}(1+r_1) , \ 0 \leqslant t \leqslant 30 \\ S_{up}(t) = \lambda\Pi_{t=1}^{t=30}(1+r_1)\Pi_{t=31}^{t=n}(1+r_2) , \ 30 < t \leqslant 120 \\ S_{up}(t) = \lambda\Pi_{t=1}^{t=30}(1+r_1)\Pi_{t=30}^{t=120}(1+r_2)\Pi_{t=121}^{t=n}(1+r_3) , \ 120 < t \leqslant 180 \end{array}\right\}$$

$$(4-9)$$

式（4-9）中，r_1、r_2、r_3 表示业主和承包商关系满意度的增长率，根据其增长特点可得，$r_1 \in [1\%, 1.5\%]$，$r_2 \in [1.5\%, 2\%]$，$r_3 \in [0, 0.5\%]$。

（2）业主关系满意度下降。业主信息不对称（IAY），与承包商沟通和信息共享不畅（ICS）有关，具体可表示为：

$$IAY = ICS + \varepsilon_9 \qquad (4-10)$$

当业主对于承包商存在信息不对称、面临较高交易成本时，业主对关系的满意度会下降；当业主合同内容设计不完整时，日后双方面临意外情况时极易引发冲突，此时业主的关系满意度因此下降。除业主本身属性对其关系满意度有所影响外，承包商的行为属性也会使其关系满意度下降，即当承包商沟通共享不畅、行为不确定、缺乏有效的组织管理以及拖延工期时，都会极大降低双方合作效率，进而使业主方的关系满意度下降。综上，业主关系满意度的下降可表示为：

$$\left\{\begin{array}{l} SY_{down} = \alpha_1 IAY + \alpha_2 HCY + \alpha_3 UC + \alpha_4 ICS + \alpha_5 UB + \alpha_6 IOMC , \ 30 \leqslant t < 120 \\ SY_{down} = \alpha_1 IAY + \alpha_2 HCY + \alpha_3 UC + \alpha_4 ICS + \alpha_5 UB + \alpha_6 IOMC + \alpha_7 DS , \ 120 \leqslant t \leqslant 180 \end{array}\right\}$$

$$(4-11)$$

式（4-11）中，α_i 表示因素和导火索事件对业主关系满意度下降的影响系数。

各关系因素和导火索事件随着合作时间的延续而对业主的关系满意度下降的影响不断加深，因此业主的关系满意度下降是一个随时间变化不断加深的过程，其加深函数为：

$$SY_{down}(t+1) = SY_{down}(t) \times (1+e_1) , \ 30 \leqslant t \leqslant 180 \qquad (4-12)$$

式（4-12）中，e_1 表示业主关系满意度下降的加深参数。

综上，t 时刻业主的关系满意度水平用公式表示为：

$$SY(t) = S_0 + S_{up}(t) - \sum_{t=30}^{n} SY_{down}(t) \qquad (4-13)$$

（3）承包商关系满意度下降。承包商单位的现场管理人员及施工人员的组织能力和专业技术给施工现场带来诸多不确定性因素，以及业主进行设计变更都会导致额外的建设成本（徐秋虹，2022），因此承包商交易成本高（HCC）与承包商缺乏有效的组织管理（IOM）和设计变更（DC）有关，可表示为：

$$HCC = \beta_{10}IOMC + \beta_{11}DC + \varepsilon_{10} \qquad (4-14)$$

公平感知度低（LPF）与风险分担机制不完善（IRM）和依赖关系不对称（DA）有关，可表示为：

$$LPF = IRM + \varepsilon_{11} \qquad (4-15)$$

当承包商对于业主存在信息不对称、依赖关系不对称、公平感知度低、交易成本高时，其关系满意度会下降。当业主合同内容设计不完整、风险分担机制不完善、缺乏有效的组织管理、进行设计变更以及拖欠工程款时，也会使承包商降低对合作关系的满意程度。综上，承包商关系满意度的下降可表示为：

$$\begin{cases} SC_{down} = b_1IAC + b_2DA + b_3LPF + b_4HCC + b_5UC \\ \qquad\quad + b_6IRM + b_7IOMY + b_8DC,\ 30 \leqslant t < 120 \\ SC_{down} = b_1IAC + b_2DA + b_3LPF + b_4HCC + b_5UC + b_6IRM \\ \qquad\quad + b_7IOMY + b_8DC + b_9DP,\ 120 \leqslant t \leqslant 180 \end{cases} \qquad (4-16)$$

式（4-16）中，b_i 表示因素和导火索事件对承包商关系满意度下降的影响系数。

同样，承包商的关系满意度下降是一个随时间变化不断加深的过程，其加深函数为：

$$SC_{down}(t+1) = SC_{down}(t) \times (1 + e_2),\ 30 \leqslant t \leqslant 180 \qquad (4-17)$$

式（4-17）中，e_2 表示承包商关系满意度下降的加深参数。

综上，t 时刻承包商的关系满意度水平用公式表示为：

$$SC(t) = S_0 + S_{up}(t) - \sum_{t=30}^{n} SC_{down}(t) \qquad (4-18)$$

4.3.4　模型参数初始化

为使仿真实验能够顺利进行，在此之前需对参数进行初始化赋值。主体属性系数取值及赋值依据如表 4-1 所示。

表 4-1   模型主体属性系数设置

参数	取值
α_1；α_2	0.5；0.5
β_1；β_2	0.5；0.5
β_3；β_4	0.4；0.6
β_5；β_6；β_7	0.4；0.2；0.4
β_8；β_9	0.6；0.4
β_{10}；β_{11}	0.7；0.3

基于 Agent 对建筑工人安全知识共享的作用机制进行建模仿真时，可根据要素的影响度和中心度来确认各变量及其系数的取值（徐秋虹，2022），基于 ISM-MICMAC 分析所得的要素驱动力同样代表关系因素对系统的影响程度。因此，在借鉴相关文献的基础上，根据 ISM-MICMAC 的分析结果，按照关系风险要素驱动力的比值等于 Agent 模型中各变量权重系数比值的方法，对模型变量的权重系数进行初始赋值。具体见表 4-2。

表 4-2   模型中变量系数的设置

参数	α_1	α_2	α_3	α_4	α_5	α_6	α_7	—	—
取值	0.11	0.13	0.14	0.11	0.11	0.19	0.20	—	—
参数	b_1	b_2	b_3	b_4	b_5	b_6	b_7	b_8	b_9
取值	0.09	0.09	0.09	0.10	0.10	0.10	0.14	0.10	0.20

模型中其余参数的赋值及其依据如表 4-3 所示。

表 4-3   模型中变量系数的设置

参数	取值
λ	2.80
r_1；r_2；r_3	1.5%；2%；0.5%
e_1；e_2	0.003；0.005
S_0	2000
IAY、IAC、DP、DS	[1，5]

根据工程实践和访谈对象的项目情况可知，一个业主单位往往有多个在建的工程项目，一个承包商单位也有不同的项目组承揽多个项目，因此网格世界

中存在若干个业主和承包商，故设业主和承包商的数量各为 50 个。Netlogo 仿真世界相当于业主和承包商的合作场景，业主和承包商随机分布在网格世界的瓦片上，并自由移动。通过赋予模型参数初始值，调整业主信息不对称（*IAY*）、承包商信息不对称（*IAC*）、拖欠工程款（*DP*）、拖延工期（*DS*）变量的取值来改变业主和承包商的属性，从而观察模型在不同情况下的运行状况。根据业主和承包商属性变量的设置规则，为清晰观测到仿真结果，并使仿真结果更加贴近实际，结合工程项目周期普遍较长的固有特点，以及访谈对象所处的项目工期时长，在 Agent 仿真模型将步数统一设定为 180 天，步长值设为 1。

4.4　仿真实验及结果分析

根据模型及其参数设定，借助 Netlogo 平台实现仿真，仿真初始界面设计如图 4 - 4 所示。通过控制按钮 setup 和 go 来实现模型的初始化和启动，通过调整滑块条来改变模型中变量和参数的取值，从而达到改变业主和承包商属性的目的。界面的中间部分为 Netlogo 仿真世界，每个业主和承包商都随机分布在网络空间中并随机移动，初始状态下业主和承包商两两相连，并随模型的持续运行连线逐渐消失，即表示关系震荡，可通过右侧满意度的结果图来观察模型的运行情况。根据模型的设定内容，主体属性的相关变量都与 *IOMY*、*IOMC* 有关，因此，接下来通过调整 *IOMY*、*IOMC*、*DS*、*DP* 的取值实现仿真过程。

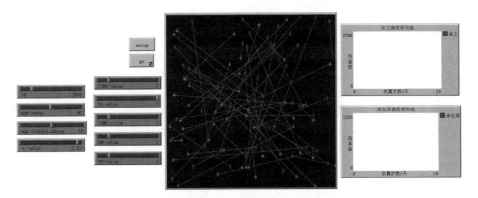

图 4 - 4　业主和承包商关系震荡触发机制初始仿真界面

资料来源：Netlogo 软件运行结果。

4.4.1　关系震荡的触发

分别取 $IOMY=1$，$IOMC=1$，$DS=1$，$DP=1$，观察基准模式下二者的关系变化（见图4-5、图4-6）。

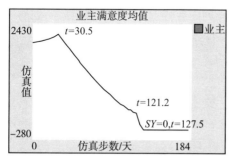

图4-5　基准模式下业主仿真结果

资料来源：Netlogo 软件运行结果。

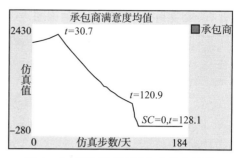

图4-6　基准模式下承包商仿真结果

资料来源：Netlogo 软件运行结果。

如图4-5和图4-6所示，模型中50个业主和50个承包商的关系满意度均值整体呈先上升后下降最后趋于平缓的趋势，具体来看，当 $t \in [0, 30.5]$ 和 $t \in [0, 30.7]$ 时，业主和承包商的关系满意度呈现上升趋势，这是因为在合作初期，随着二者沟通、共享等活动的不断深入，双方对对方的认可度和信任度不断提高，双方对于关系的发展以及未来的期望持乐观态度，并且此时因素不会对二者的信任关系造成不利影响。自 $t=30.5$ 和 $t=30.7$ 时，业主和承包商的关系满意度出现拐点，并逐渐降低，说明此时各关系风险要素的存在开始让二者的关系满意度下降，并且各关系风险要素潜伏的时间越长，关系满意度水平就越低；但在 $t=127.5$ 和 $t=128.1$ 时刻之前，双方的关系满意度始终为正值，表明风险要素的出现和持续影响通常只会使双方的关系质量变差，而不会直接导致关系发生震荡。值得注意的是，在上述时间段里还存在第二个拐点，即 $t=121.2$ 和 $t=120.9$ 时刻，自该时刻起，受拖欠工程款和拖延工期的影响，关系满意度的下降速度变快。相比于前期一直存在的关系风险要素，拖欠工程款和拖延工期两个导火索事件对业主和承包商的关系质量影响更大，并且在 $t=127.5$ 和 $t=128.1$ 时，业主和承包商的关系满意度下降为0，之后的满意度水平均在 0 以下，恰好说明拖欠工程款和拖延工期是二者关系震荡的触发因素。关系震荡后的短时间内，双方仍会因对方的不作为而感到不满，所以当 *SY* 和 *SC* 为 0 后，关系满意度仍持续下降，但随着时间推移，业主和承包商因关系断裂后便不再产生交集，因此双方的满意度水平在后期不再发生变化。

由此可见，业主和承包商关系震荡是随时间发展而持续演化的过程：双方的关系质量在各因素的影响下不断下降，并随着业主拖欠工程款以及承包商不断拖延工期，前期通过正面沟通协作所提升的关系满意度水平不足以弥补上述关系因素和导火索事件带来的负面冲击，双方的关系质量偏离理想状态，关系震荡因此发生。

4.4.2　导火索事件对关系震荡的影响

1. 拖欠工程款

分别取 *IOMY* = 1，*IOMC* = 1，*DS* = 1，*DP* = 5，观察承包商满意度较基准模式下的区别（见图 4 - 7、图 4 - 6）。

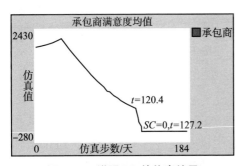

图 4 - 7　增强 DP 的仿真结果

资料来源：Netlogo 软件运行结果。

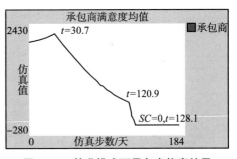

图 4 - 6　基准模式下承包商仿真结果

资料来源：Netlogo 软件运行结果。

因业主拖欠工程款（*DP*）会使承包商满意度下降而不会对业主满意度产生影响，因此这里只就 *DP* 增强前后的承包商满意度进行对比分析。通过增强 *DP*，由图 4 - 7 可知，承包商的关系满意度变化趋势并未改变，但关系震荡的时刻有所改变。当 *DP* = 1 时，由图 4 - 6 可知，承包商满意度在 *t* = 128.1 时刻起开始下降至 0 以下；当 *DP* = 5 时，承包商满意度在 *t* = 127.2 时刻起开始下降至 0 以下；DP 增强后，业主和承包商关系震荡的时间有所提前。这说明当业主因财务危机或资金链断裂导致拖欠承包商的工程款数额大或款项多时，承包商因无法及时获得资金支持，被迫垫付资金甚至可能面临业主转移资金短缺风险的情况时，更易引发承包商的不满，从而给二者的合作关系质量带来更大的消极影响，加速业主和承包商合作破裂。并且，当 DP 增强时，承包商满意度下降的第二个拐点也有所提前，t 由 120.9 提前至 120.4，同样表明拖欠的工程款越多，承包商关系满意度下降速率越快，最终引发震荡。

2. 拖延工期

分别取 $IOMY = 1$，$IOMC = 1$，$DS = 5$，$DP = 1$，观察业主满意度较基准模式下的区别（见图 4 - 8、图 4 - 5）。

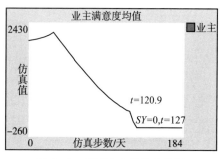

图 4 - 8   增强 DS 的仿真结果

资料来源：Netlogo 软件运行结果。

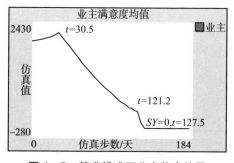

图 4 - 5   基准模式下业主仿真结果

资料来源：Netlogo 软件运行结果。

因承包商拖延工期（DS）会使业主满意度下降而不会对承包商满意度产生影响，因此这里只就 DS 增强前后的业主满意度进行对比分析。通过增强 DS，由图 4 - 8 可知，业主关系满意度的变化曲线仍呈现先上升后下降最后趋于平缓的趋势，不同的是关系震荡的时刻会因此提前。当 $DS = 1$ 时，如图 4 - 5 所示，业主满意度在 $t = 127.5$ 的时刻开始下降至 0 以下；当 $DS = 5$ 时，业主满意度在 $t = 127$ 的时刻开始下降至 0 以下；当 DS 增强时，业主和承包商更早发生关系震荡。因此，到了二者合作后期，承包商出于自身能力等各方面原因而导致工期拖延，会加大业主对承包商施工能力的不满，业主逐渐对承包商能否交付合格的建设项目失去耐心和信心，长此以往，工程项目迟迟难以竣工，不仅前期投入的各项成本无法变现，后续带来的如土地占用、农民工工资无处索要、百姓钱房两空等一系列社会问题都会严重危害包括业主和承包商在内的利益关联主体的利益，造成巨大的资源浪费，扰乱社会秩序。并且从图中可以看出，在 DS 增强的情况下，业主满意度下降的第二个拐点由 $t=121.2$ 提前至 $t=120.9$，同样说明承包商拖延工期会加快业主满意度下降的速率。

4.4.3　影响因素对关系震荡的影响

1. 业主缺乏有效的组织管理

在 $IOMC=1$，$DS=1$，$DP=5$ 的基础上，取 $IOMY=5$，观察承包商满意度较单独增强 DP 时的区别（见图 4-9、图 4-7）。

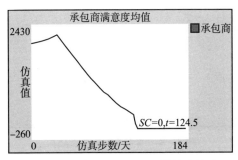

图 4-9　增强 IOMY、DP 的仿真结果

资料来源：Netlogo 软件运行结果。

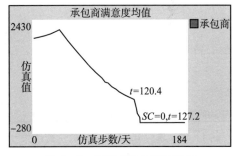

图 4-7　增强 DP 的仿真结果

资料来源：Netlogo 软件运行结果。

因业主缺乏有效的组织管理（$IOMY$）会导致承包商满意度下降，而对业主本身的满意度没有影响，因此这里只对承包商满意度的变化进行对比分析。由图 4-9 可知，增强 $IOMY$ 时承包商关系满意度下降曲线略陡于 $IOMY$ 增强之前的满意度曲线，并且当 $IMOY=5$ 时，自 $t=124.5$ 时刻起承包商满意度开始降至 0 以下；当 $IOMY=1$ 时，如图 4-7 所示，自 $t=127.2$ 时刻起承包商满意度开始降至 0 以下。该变化表明在 DP 都增强的情况下，增强 $IOMY$ 不仅会使承包商关系满意度下降水平加快，还对业主和承包商关系震荡产生加速影响。这是因为当业主单位缺乏有效的组织管理时，一方面可能由于相关人员管理水平低下、能力欠缺进而导致合同制定和风险分担机制不够完善，尤其当施工人员施工过程中出现合同内容之外的意外情况时双方缺少解决依据，从而加大双方沟通和协调的难度，并且承包商可能陷入更加被动和不利的境地，随时面临各种风险和不确定；另一方面可能是由于业主单位在组织协调和资源调配方面存在不足，导致同承包商之间的资源、信息合作效率低下。综合上述原因，承包商的需求难以得到满足，并且相应的合法权益难以得到保障，承包商逐渐失去对业主的信任，双方关系质量不断下降，最终引发关系震荡，项目推进因此受阻。

2. 承包商缺乏有效的组织管理

在 $IOMY = 1$，$DS = 5$，$DP = 1$ 的基础上，取 $IOMC = 5$，观察业主满意度较单独增强 DS 时的区别（见图 4 – 10、图 4 – 8）。

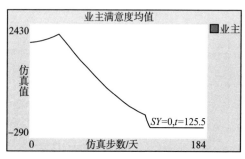

图 4 – 10　增强 IOMC、DS 的仿真结果

资料来源：Netlogo 软件运行结果。

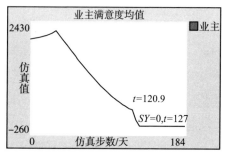

图 4 – 8　增强 DS 的仿真结果

资料来源：Netlogo 软件运行结果。

因承包商缺乏有效的组织管理（$IOMC$）会导致业主满意度下降，而对承包商本身的满意度没有影响，因此这里只对业主满意度的变化进行对比分析。由前文仿真结果分析可知，单独增强 DS 时会加速关系破裂。由图 4 – 10 和图 4 – 8 可知，在增强 DS 的基础上，增强 $IOMC$ 至 5，业主关系满意度开始下降至 0 以下的时刻由 $t = 127$ 提前至 $t = 125.5$。这说明承包商缺乏有效的组织管理不仅会加快业主满意度的下降，还会加速二者之间的关系破裂。这是因为当承包商缺乏有效的组织管理时，意味着施工过程中可能面临各种问题。如承包商对施工现场的管理不规范，导致施工人员现场作业不标准，项目的质量、工期、成本等关键要素难以保证，甚至可能出现返工，进一步加剧成本提高和工期拖延的风险。除此之外，承包商单位组织效率低下也是管理水平缺失的重要表现，如项目经理对人力、物力、财力等资源的分配不合理，导致施工现场各项建设任务的协调难度加大，特别在建设项目复杂程度和难度不断加大的情况下，一旦出现意外情况便极有可能引发施工混乱，影响建设项目的整体进展和质量，业主对承包商工作的不满进一步增加，双方面临各种不一致和冲突，关系质量受损。

第 5 章 协同创新项目组织间关系震荡与项目的不完美

——基于合法性－灵活性张力视角

5.1 引　　言

　　虽然现有文献对如何获得项目成功给予了广泛关注，但项目仍然经常失败，尤其是以创新为中心的项目（Flyvbjerg，2016）。项目失败或不完美（即"未完全实现预期目标和效益"）（项目管理协会，2017）的主要原因是缺乏项目规划和领导力、缺乏对项目的有效控制或缺乏适当的风险管理（Müller and Turner，2010；Hughes et al.，2016）。这些实践在项目管理领域被称为"常识"，适用于普通项目以实现预期成果（Kapsali，2011）。然而，这些做法可能并不适合创新项目，因为创新项目在成本、时间、质量和运营成果方面具有高度不确定性。不确定的创新过程可能需要更具适应性的项目管理方法，而不是依赖于前期计划和正式流程。这种管理方法强调非正式流程和从试错经验中获得学习，从而降低风险和解决过程中遇到的突发问题（Hirschman et al.，2014）。创新项目的显著特征要求我们进一步探索可能导致项目失败的机制。

　　创新领域的学者已经认识到，创新项目管理需要灵活性。然而，在现实中，创新项目往往嵌于永久性组织中（Timo and Lampel，2020），这可能会限制或阻止项目管理团队改变原有计划或使用新的管理方法。而当项目管理团队无法灵活应对不确定因素时，将会导致工作进程受阻、工作效率降低等问题，进而损害参与方利益（Hanseth et al.，1996）。这种情况下，各参与方可能会为谋求自身利益采取机会主义行为，影响项目组织之间的关系质量，导致参与方之间的关系随着项目进展发生波动震荡。当项目与高度制度化和官僚化的组织整合时，这种情况更有可能发生，因为这些组织强调流程、程序甚至文化的统一性和一致性，同时对结构变化非常谨慎，对例外情况的容忍度很低（Farjoun，2010），甚至可能不允许项目管理实践中的灵活调整合法化。在这种情况下，跨组织间的创新项目管理过程就会遇到以下矛盾：为应对创新过程中的不确定需求而保持一定的灵活性；为获得合法性，需要保持永久性组织所要求的项目管理实践的可预测性。先前的研究表明，项目与永久性系统之间的互动会形成张力，对项目绩效至关重要（Lehtonen and Martinsuo，2009；Turkulainen et al.，2015）。然而，对于与永久性组织高度融合的项目管理团队如何在项目的整个生命周期内处理这种张力，以及他们对这种张力的处理如何影响项目成果，以往研究涉及甚少。

在永久性组织中合法的做法往往难以满足项目的意外需求（Timo and Lampel，2020）。为了获得资源支持，项目管理团队可能会专注于广受认可的传统项目管理方法，并更加遵守永久性组织的规则以获得合法性（Davies et al.，2018），最终可能牺牲应对项目不确定事件所需的灵活性（Gutiérrez and Magnusson，2014）。此外，许多创新项目跨越多个组织（Malherbe，2022），这使得应对合法性与灵活性之间的矛盾变得非常困难。项目管理人员必须周旋于各个永久性组织的多种、有时甚至是相互竞争的制度中，使得各方在解决意外事件的新方法上更难达成共识（Dille and Söderlund，2011）。因此，为精准探究创新项目成功的机制，非常有必要同时考虑项目与其永久性组织之间的互动及采用的项目管理做法。在此背景下，本章旨在回答以下研究问题：项目与永久性组织的整合以及项目管理实践如何导致创新项目的不完美。

为了回答该问题，本章基于实践理论开展纵向案例研究。实践理论强调实践和结构相互作用：结构既支持实践又对其约束，反之亦然（Giddens，1979；Nicolini，2013）。实践理论在组织研究和项目管理领域中日益突出（Blomquist et al.，2010；Manning and Sydow，2011）。实践理论提出相互连接的实践可能遵循相互矛盾的原则（Giddens，1979）而引发冲突。在某些情况下，冲突会激发寻找问题解决方法的努力，进而引发巨大的变革和新的递归，如制度的再创造（Nicolini，2013）。在高度制度化的背景下，遵循永久性组织规则的做法可能与创新项目所需的做法相冲突，从而引发合法性与灵活性之间的矛盾张力，进而导致组织间关系震荡与创新项目的不完美。实践视角的最大优势在于能以过程性的方式解释社会变革（如创新项目），并能深入探究实践是如何开展的以及实践如何在扩展的时空中与结构相互作用（Feldman and Orlikowski，2011）。它让人们更全面、更动态地了解如何处理组织结构中的竞争逻辑（Nicolini，2013）。因此，从这一理论出发，通过探索项目管理团队在不同时期和不同层面上处理合法性和灵活性张力的实践，以及研究组织结构之间的相互作用，就有可能揭示合法性与灵活性张力导致组织间关系震荡和创新项目的不完美的过程。本章利用中国建设行业的一个案例，研究了一个名为 Prince（化名）的组织间创新项目，该项目旨在将创新技术投入使用，且由业主（Alpha）和 EPC 承包商（Beta）等多个组织参与。对所收集数据的归纳分析表明，该项目的结果并不完美（Kerzner，2014），本章将进一步揭示其原因。

根据研究结果，本章建立了一个过程模型，其核心是需要管理合法性与灵活性之间的张力，以解释并强调如何避免在组织间创新项目中出现此类不完善之处和组织间的关系震荡。本章呼应了赛多和温德勒（Sydow and Windeler，2020）的观点，通过实践视角对组织和项目等相互关联的社会系统进行多层次分析。此外，本章还加深了对项目－组织整合与项目成果的作用的理解，而现有文献对此的结论并不一致（Willems et al.，2020）。

5.2　理　论　背　景

5.2.1　组织间协同创新项目及项目的不完美

创新项目旨在生产一种新产品或服务，通常需要一种新的流程或技术（Besner and Hobbs，2008）。虽然参与此类项目（主要是组织间项目）的组织（Ligthart et al.，2016）对制订促进创新项目的计划日趋成熟，但仍存在无法实现预期目标的现象（Shepherd and Kuratko，2009）。

关于什么是完美项目或失败项目，存在着广泛的分歧（Baccarini，1999；

Prabhakar，2009）。衡量项目成败的标准多样，不同的利益群体有不同的标准
（Kreiner，2020），这些标准可能会随着人们对项目期望的改变而改变（Lim
and Mohamed，1999）。没有绝对的成功或失败，只有感知到的成功或失败
（Baker et al.，1997）。在现实中，将某些项目视为不完美项目要比失败项目公
平得多。一个不完美的项目存在缺陷或存在需要改进的地方，其表现介于完美
与失败之间（Janssen et al.，2015）。探索项目不完美的原因有利于推动项目管
理实践的发展。

有关项目不完善或失败的管理研究大多集中 IS/IT 项目或建设项目上
（Yeo，2002；Sage et al.，2014；Hughes et al.，2016）。最常被强调的项目不完
美甚至失败的原因是项目实践者未能正确应用项目管理实践，包括利益相关者
沟通、变更管理、风险管理和项目规划（Hughes et al.，2016）。这些论点一般
仅限于狭义的项目管理。很少有文献致力于整合项目与其永久性组织之间的互
动作用，或创新项目所特有的不确定性和变化（Davies et al.，2018）。

有关创新项目的研究已经意识到传统项目管理方法在创新方面的局限性。
郎夫勒等（Lenfle et al.，2019）发现，与传统项目不同，创新项目的关键流程
是在项目执行期间确定的。米德勒（Midler，2019）提到，试点项目能系统性
地超越永久性组织的最佳实践。蒂勒曼等（Tillement et al.，2019）指出，探
索性项目具有复杂的轨迹，仅靠经典的理性主义方法无法应对。这些研究为创
新项目的管理提供了新的视角；然而，一个探讨较少的视角是，在某些情况
下，创新项目中本应该合法的新方法可能无法获得合法性，例如，当创新项目
所处的永久性组织存在相关限制时。

5.2.2　项目与永久性组织整合，灵活性 – 合法性张力与创新项目组织关系震荡

项目与永久性组织整合（project and permanent organization integration）是
指作为"临时机构"的项目在多大程度上以及以何种方式与永久性组织相互
作用并嵌入其中（Willems et al.，2020）。一般认为，项目整合有利于项目管
理（Lehtonen and Martinsuo，2009；Turkulainen et al.，2015），尤其是由基于
项目的组织（即主要借助临时组织创造价值的组织）管理的建设项目

（Hboday，2000）。然而，在现有文献中，关于整合对项目成果的影响还没有定论（Hoegl and Parboteeah，2006；Willems et al.，2020）。例如，按照威廉姆森等（Willems et al.，2020）的观点，适当程度的整合同时给予项目适当程度的自主权，对创新项目最有利；而有学者则发现，当项目与永久性组织深度整合时，项目更容易实施（Johansson et al.，2007）。造成这些相互矛盾结果的原因之一可能是，研究只关注整合的一个方面，没有充分考虑到项目与不同组织之间的界面的不一致，而这正是组织间项目的关键特点。

为了获得上级组织的资源支持，创新项目需要在运作流程和成果方面获得这些组织的合法性。合法性（legitimacy）是指项目管理实践在组织内部（Gutiérrez and Magnusson，2014）或组织间（Suchman，1995）被接受的程度。因此，项目管理应遵循广为接受的程序，并在组织内和组织间获得正当的合法性。此外，当创新项目跨越不同组织时，需要在多种甚至相互冲突的制度要求之间游刃有余（Dille and Söderlund，2011），增加了从相关组织获得合法性的难度。程序和论证过程等制度要素旨在向永久性组织尤其是官僚性的机构证明活动的稳定性、可靠性和透明度。但这在应对实践活动的不确定性时可能会造成时滞（Meyer and Rowan，1977；Pemsel and Söderlund，2020）。过分强调合法性会导致惰性和停滞，并且会因为恪守严格的限制和服从约束性结构而降低灵活性（Hanseth et al.，1996）。当永久性组织结构不能为灵活的项目管理方法提供合法性时，情况更是如此。根据《梅里亚姆－韦氏词典》，灵活性（flexibility）是指"适应新的、不同的或不断变化的要求的能力"。灵活的项目管理方法如针对意外情况进行调整和准备，更适合创新项目所特有的动态和模糊的环境（Magnusson et al.，2009）。因此，合法性和灵活性可能会成为张力的根源，尤其是在与体制和官僚环境高度融合的创新项目中。

张力（tension）源于矛盾，一般是指同时存在的两个相互联系或相互关联但又直接对立的基本要素（Smith and Lewis，2011）。合法性与灵活性之间的关系可被视为稳定与变革这对组织所固有且核心的矛盾的体现（Farjoun，2010），这意味着合法性和灵活性可以根据具体情况相互促进或相互制约。在注重保持开放性同时关注内部稳定的永久性组织中，创新被制度化，此时合法性和灵活性很可能相互促进。这些组织追求稳定与变革之间的平衡，被认为有助于保持平衡的项目管理方法，无论是新方法还是传统方法，都可以被合法化。换言之，若能保持与组织规则一致（稳定），同时又能应对突发问题（变化），这种项目管理方法就是合适的。例如，在汽车行业或高科技领域，激进创新已成为企业竞争力的关键来源，尽管这些项目可能与其永久性组织结合不紧密，但企业传统上会肯定这些项目团队自主性的合法性。因为这些企业非常重视创新项目，并采用重量级的项目管理模式来推动项目目标的实现（Clark and Wheelwright，1992；Midler，2019）。一个在初始阶段被母公司合法化的项目可以在创新过程中保持灵活性，进而实现可靠的项目绩效，反过来促进项目管理实践在永久组织中的合法性。

然而，在高度制度化、注重稳定性的环境中，这两个要素是对立的。合法性的主要来源可能是采用常规的项目管理方法、遵守永久性组织的规则以及保持项目管理做法与其他项目一致（稳定性）。在这些组织中，高度嵌入的创新项目可能要求遵守这些规章制度来保持项目管理团队行为的可预测性，从而向永久性组织证明其项目管理实践的合法性。项目的灵活性只能通过永久性组织的制度变革来实现；然而，在高度官僚化和制度化的环境中，永久性组织对结构变革非常谨慎，对例外情况的容忍度很低（Farjoun，2010）。在这种情况下，通过象征性地遵守制度规则以实现结构要素与实际实践脱钩而获得合法性（Meyer and Rowan，1977）可能无法实施。总之，有必要研究组织间项目如何在这些复杂的制度背景下处理合法性与灵活性之间的矛盾。探讨项目的嵌入性和项目管理实践有助于更好地理解平衡合法性与灵活性张力（或稳定性与变革张力）的必要性，并更好地理解其对项目绩效的影响（Bygballe et al.，2021）。

合法性与灵活性之间复杂的张力可能引起创新项目组织间关系震荡。在创新型项目运行过程中，各组织的运行模式与管理方法很可能存在差别（Timo and Lampel，2020），因此双方派遣到项目中人员的关注重点和处理问题的方法也会存在差别。当项目组织派遣到项目中的小组过分地关注自己母公司的需求时，他们会时刻在意自己的项目管理行为是否满足公司的合法性要求。此时，项目的需求以及其他项目参与方的需求则会被忽视。对于合作完成的创新项目来说，需要关注参与其中的各个公司的需求和规章制度，获得这些利益相关方的认可，因为这有利于获得更多的资源支持（Davies et al.，2018）。但这些设计规章制度的冲突较难调和，易引发创新项目组织之间关系的失稳、震荡。与此同时，创新项目存在很多未曾面临过的不确定性，需要新的规章制度甚至是打破原有的规章制度，才能有效地执行下去。但如果项目参与组织过于干涉项目管理小组的决定和活动，严格要求其遵守公司的章程和各类审批流程，将导致本就存在利益冲突的各方合作困难加剧（Gutiérrez and Magnusson，2014）。当双方都察觉到自身利益受损时，出于自我保护和利益最大化立场，双方都可能会采取机会主义行为来及时止损，进而出现合同执行力度低，双方信任水平降低等关系质量问题，各个问题之间相互影响，随着项目进展最终触发项目组织间关系震荡。

5.2.3 传统项目管理

在项目管理领域，项目管理协会（Project Management Institute）和国际项目管理协会（International Project Management Association）均发布了可供参考的项目管理方法，并采用其认证和奖励制度来表彰具有良好项目管理实践的组织和个人，从而将项目管理职业制度化（Hodgson and Muzio，2011；Nicklich et al.，2021）。这两个协会旨在不断更新全球公认的项目管理标准和知识库，促进项目管理领域的专业化。因此，项目管理从业人员专注于以"铁三角"或项目规划方法等传统原则为指导的方法，实践中易忽视项目差异及其背景（Lundin and Söderholm，1998）。争取合法性的后果之一是保持同构性，即确保各组织使用类似的所谓"最佳实践"（Deephouse，1996）。

对于实践者来说，这种专业但传统的项目管理实践可能更安全，因为它们更容易得到同行和领导的认可，因此也更容易在内部合法化（Gutiérrez and Magnusson，2014）。然而，创新项目需要足够的灵活性，以应对频繁的变化和多重边界关系（Magnusson et al.，2009）。因此，研究人员注意到传统项目管理对创新项目的特殊挑战适应程度较低这一现象也就不足为奇（Davies et al.，2018）。较新的项目管理方法如"敏捷"或"精益"在实践中已被开发和采用，且在处理创新项目的不确定性上具有良好的前景（Fernandez and Fernandez，2008）。"精益战略"只关注一个项目的必要需求。"敏捷"项目管理强调不同情况采用不同的解决方案。在实践中，项目经理往往自认为他们在使用敏捷项目管理，而实际上他们只是在使用自己选定的某些敏捷工具和实践，并没有采用敏捷的项目管理思维方式（Highsmith，2009）。因此，创新项目的管理可能面临着平衡两种相反力量的挑战：一方面要使自己的行为合法化以规避风险，另一方面要采用更加灵活、非常规的方法来应对突发情况。

5.3　基于纵向案例研究的组织关系震荡 导致不完美项目的发生过程研究

5.3.1　研究设计与背景

案例研究适合从过程的角度回答"如何"的问题（Yin，1984）。本章对一个跨组织案例项目进行了深入的研究，该项目涉及多个组织，其中两个最主要的参与方为业主 Alpha 和 EPC 承包商 Beta。这两个组织都是中国的国有企业，具有高度的制度规则。Prince 项目是中国发电行业将生物质与煤炭联合燃烧将新技术付诸实践的试点项目，也是建筑行业中典型的创新型工业项目。Beta 公司作为中国发电行业的领先研发企业，拥有该项技术的专利权。在 Prince 项目启动之前，该项新技术仅在实验平台上运行过。并且，该项技术部件接口复杂，生产过程涉及各种工艺技能。此外，该项目由两套功能相同的类似设施组成，并与 Alpha 公司在某一特定地点的煤炭发电设施集成使用。

在 EPC 承包商的协调管理下，Prince 还有两个分包商：土建分包商和安装分包商。Beta 公司直接与这两个分包商签订合同，此外，一家咨询公司（PM）也参与了该项目，但只负责土建工程的质量管理和安全控制。Alpha 公司和 Beta 公司作为国有企业，是主要的参与者，对 Prince 项目的结果起决定性的作用。Prince 项目的管理团队大概由 10 名从业人员（包括来自两家企业的经理和工程师）组成，包括两名来自 Alpha 和 Beta 的项目经理，项目管理团队结构如图 5-1 所示。本章主要集中于 Prince 与这两个永久性组织的互动，以及两个组织项目管理人员的实践，以及这些实践如何在 Prince 项目管理团队中发挥作用。

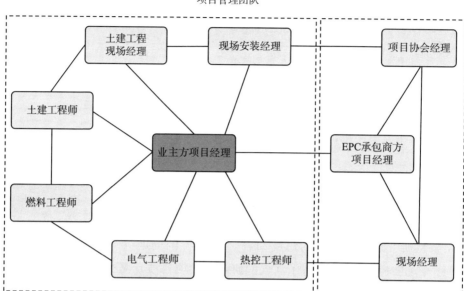

图 5 - 1   创新项目管理团队的结构

注：全职工作的队员用深色色块表示，兼职队员用浅色色块表示，业主的项目经理带领团队。

5.3.2   数据的收集与分析

本次调研对 Prince 的数据收集得到了 Alpha 公司总经理和 Beta 公司项目经理的同意，允许我们查阅 Prince 的文件（如关键受访者名单、协调会议记录、业主的每日报告和合同）。由于获得了访问权限，得以从不同来源收集数据（见表 5 - 1、表 5 - 2），有助于对信息进行三角验证。为了减少认知偏差和形象管理的风险，数据采集要求受访者以更具体的事件为例表达他们的观点（Miller et al.，1997）。当数据源之间出现差异时，我们会联系相关受访者进行核实或在下一次访谈中再次询问。

表 5 - 1   数据来源和数据

数据来源	收集日期	时间跨度
协调会议纪要	2020 年 12 月	2020 年 2 月至 10 月
业主日报	2021 年 2 月至 4 月	2020 年 4 月至 2021 年 7 月

续表

数据来源	收集日期	时间跨度
合同	2020 年 12 月	—
技术协议	2020 年 12 月	—
聊天记录	2021 年 3 月	2020 年 9 月至 2021 年 5 月
访谈	2020 年 3 月至 2021 年 12 月	2020 年 3 月至 2021 年 12 月

表 5 - 2　　　　　　　　　　访谈数据

组织	访谈日期	职位	访谈方式	持续时间
A 公司 （业主）	2021 年 8 月	总经理	面对面	40 分钟
	2021 年 9 月	副经理	电话	40 分钟
	2021 年 5 月	副经理	电话	59 分钟
	2021 年 9 月	总工程师	面对面	40 分钟
	2021 年 2 月	安全部主任	面对面	61 分钟
	2021 年 9 月	燃料部副主任	电话	55 分钟
	2021 年 5 月	检修部主任	电话	56 分钟
	2021 年 5 月	项目经理	面对面	65 分钟
	2021 年 9 月	电气工程师	电话	47 分钟
	2021 年 9 月	燃料工程师	电话	69 分钟
	2020 年 5 月及 2021 年 9 月	土木工程师	面对面	121 分钟
	2022 年 2 月	土木工程师	电话	52 分钟
	2021 年 12 月	项目经理	电话	6 分钟
B 公司 （EPC 承包商）	2021 年 8 月	项目经理	电话	36 分钟
	2021 年 5 月	项目副经理	电话	43 分钟
	2021 年 2 月	现场工程师	电话	51 分钟
	2021 年 10 月	项目经理	电话	38 分钟
分包商	2021 年 9 月	分包商 1 的项目经理	电话	54 分钟
	2021 年 2 月	分包商 2 的项目经理	电话	57 分钟
监理	2021 年 10 月	项目经理	电话	92 分钟

本章采用归纳法对数据进行分析，以得出理论见解（Sætre and van de Ven，2021）。在收集数据的全过程中，我们发现协调两家公司的利益目标与 Prince 项目自发需求产生的冲突是很困难的，需要综合考虑案例项目实践与项目管理模式、临时－永久组织相互作用张力的理论基础（Dubois and Gadde，2002）。最终，我们认为从"张力"视角出发最适合剖析案例项目实践过程。所有组织形式都充斥着稳定与变化的张力（Farjoun，2010），数据分析过程也以张力视角进行展开和分析。由于受访者不断强调实践行为于母公司的合法性，以及 Prince 的众多不确定性与母公司施加的控制之间的冲突，我们认为有必要为项目管理团队面临的新张力（即合法性与灵活性之间的张力）制定框架，以便解释导致 Prince 不完美的原因。

本章基于实践的视角，在多种数据来源的基础上首先按时间顺序分析了原始数据，并将数据分析分为三个阶段。按照施特劳斯和科尔宾（Strauss and Corbin，2014）建议的编码程序，从一阶分析转向三阶分析。本书最大限度地依照受访者所表达的信息对原始数据进行了编码。例如，我们将"为实现公司上半年的战略计划，我们的领导在项目开始时就为本项目设定了进度目标（2020 年 6 月 30 日）"或"高层管理团队重新设定进度目标"等表述作为一阶概念，即"由领导确定目标"的一系列活动。对于合法性的一阶概念，"符合规定"编码包括协调会议记录中"所有项目管理实践都应遵循 Alpha 项目管理规范"。在"不灵活"的第一项活动中，"调整计划不及时"囊括了维修部副部长的表述"在进度已经落后很多的情况下，总承包商不可能在现场投入更多的人力来加快施工进度"。Alpha 公司每日报告中的表述"督促总承包商在 2020 年 8 月 30 日之前完成项目实施安排的完善工作"被归入"控制进度"编码。

在二阶编码中，按照焦亚等（Gioia et al.，2013）的做法，我们将确定的活动归类为更广泛的主题类别，并将其标记为"归类实践"（两个类别除外，因为项目某些不完善的方面并没有通过实践表现出来），如表 5 - 3 所示，在三阶编码过程中，我们转入理论化归纳，综合考虑访谈数据和文献资料，采用理论主题将聚类实践概念化。例如，我们发现根据马图索和莱顿（Lehtonen and Martinsuo，2009）的定义，可以将依附于永久性组织的战略（简称"依附于战略"）、耦合于永久性组织的结构（简称"耦合于结构"）和依赖于永久性组

织的资源（简称"依赖于机构资源"）这三种行为归入项目整合这一理论主
题。其他构念的二级编码和类别来源见表 5 - 3。在这一编码过程中，我们为
关键事件和活动撰写了分析备忘录，为所有与 Alpha（Beta）对应的数据编码
标注了 A（B）。

表 5 - 3　　　　　　　　　　　　　数据结构概览

一阶编码	二阶编码 （理论）	三阶编码 （主题）	来源文献
诸如"领导者确定的目标""在实现转型中的作用"等说法	战略中的连接	项目整合	马丁索和莱托 （Martinsuo and Lehtonen，2009）
如"项目中的兼职工作""评估部门内的绩效"	结构耦合		
"公司指派的团队成员""公司操纵付款"等说法	依靠组织资源		
"符合规定""按公司程序办事"等表述	遵守规则	合法性	古铁尔兹和马格努森 （Gutiérrez and Magnusson，2014）
"向领导汇报""获得领导批准"等说法	获得认可		
"用常规方法解决新问题""调整计划不及时"等说法	坚持计划	不灵活	莱特哈特等 （Ligthart et al.，2016） 奥尔森 （Olsson，2006）； 罗森塔尔和孔达 （Tatikonda and Rosenthal，2000）
诸如"拒绝设计变更""不合时宜地改变设计/范围"等说法	抵制设计变更		
诸如"加强项目管理团队的结构，妨碍合作""拒绝针对项目的不确定性调整规章或程序"等说法	维持团队结构		
诸如"制订进度计划""按期完成""赶上阶段性目标"等说法	控制进度	传统的项目管理实践	克兰德 （Cleland，1995）
"节约成本""延迟付款"等说法	控制成本		
"监督施工过程""检查质量"等说法	控制质量		
"更改设计""修改范围变更"等说法	管理范围		

一阶编码	二阶编码（理论）	三阶编码（主题）	来源文献
诸如"面对无法预料的成本"的说法	成本超支	不完美的项目	罗森塔尔和孔达（Tatikonda and Rosenthal，2000）
"调试机器故障"等说法	故障		
诸如"进度延误""重新设定最后期限"等说法	错过最后期限		
诸如"未完成合同就退出，怀疑能力和承诺"的说法	关系质量受损		
"未按合同规定期限完工"	信任受损	关系震荡	黄俊时（2022）
"没有完全了解项目前期准备工作的进展的情况下，对建设项目提出与实际情况不符的新要求或修改"	关系风险上升		

5.3.3　研究发现

1. 启动阶段：项目开始时存在问题（2020 年 3 月至 6 月）

Prince 项目对合作双方都很重要。业主 Alpha 公司甚至将完成该项目列入了其 2020 年战略计划。对于承包商 EPC 而言，如果该项目能够成功实施，将有助于 Beta 公司在不断扩大市场中赢得竞争优势。虽然合作双方都很重视 Prince 项目，尤其是该项目具有创新性，但管理层却并没有以创新的管理模式对待该项目。双方同意采用工程总承包的项目交付模式，这也是两家公司在项目中一贯采用的模式。基于固定的合同费用和约定的交付标准，Beta 公司承担了大部分财务风险。因此，传统的交付模式从一开始就奠定了双方目标分歧的基调：Alpha 公司追求的目标是在最短的时间内为 Prince 实现最佳质量（Alpha 公司总经理），而 Beta 公司的目标则是尽可能降低实现 Prince 基本功能所耗费的成本（Beta 公司项目经理）。

Prince 产生的高价值也推动了 Alpha 总经理的深度参与，他为该项目设定了紧迫的最后期限：在 2020 年 6 月 30 日之前 Prince 项目要投入运营（Alpha 公司总经理），也就是说，施工期仅剩余四个月时间。然而，Prince 项目管理团队从一开始就认为 Alpha 领导设定的目标不切实际（Beta 项目副经理）。

Alpha 公司的领导对项目管理团队的决策进行了干预，但更多是从公司的角度而不是项目的角度出发。例如，Alpha 公司的领导为污泥仓库选择了一个远离污泥处置机的位置。他们认为污泥仓库会有很浓的气味，因此应建在远离生产区的偏僻地方。但 Alpha 公司的项目实施人员认为，污泥仓库与污泥处置机之间的距离过长，会增加传输困难（Alpha 公司土木工程师）。

2020 年 5 月，即 Prince 项目启动两个月后，距离预计交付日期还有一半时间，Alpha 公司总经理在某次协调会议上成立了 Alpha 项目小组（会议记录）。Prince 项目中的任务需要根据四个部门的职能进行分工，分工方式与日常工作相同，尽管在 Prince 项目工作的员工只是兼职。此外，Alpha 公司还制定了项目管理规定，规定每个部门负责哪些方面的任务。总经理认为，明确的任务分工有助于提高效率和减少冲突（Alpha 公司总经理）。

为了控制成本，Beta 负责所有采购工作，并选择最便宜的分包商（Alpha 项目经理）。与主合同一样，土建分包商和安装分包商的合同也是固定的。另一种降低成本的方法是通过设计。Beta 公司的设计人员只关注确保设施能够实现主要功能的部分（Beta 公司项目副经理），而忽略了其他相关部分，如除臭和消防系统。

由于领导者选定了一个远离处理机的仓库位置，Alpha 公司的工程师建议 Beta 公司的设计师在传输系统中增加一个注塑模具输送系统（每日报告）。但 Beta 公司以没有必要为由拒绝了此项建议（Beta 项目副经理）。

为了控制质量，Alpha 公司的项目经理团队制定了详细的技术规范，明确说明了项目的交付标准。由于设计尚未完成，两家公司都不确定该项新技术是否可行（Alpha 公司的土木工程师）。由于没有类似的标准可供参考，该项目的技术规范只能根据煤电厂的规范制定。Beta 公司的项目管理团队在未作任何修改的情况下签署了该规范。

"他们是业主，我们有责任满足他们的要求，但他们的要求不应超出我们的预算。我们熟悉这些规范，我们认为要做到这一点并不难"。（Alpha 公司的土木工程师）

2020 年 5 月底，Alpha 公司的领导们紧锣密鼓地推进项目实施，同时领导们意识到，第一个进度目标计划根本无法实现。于是，他们为自己设定了另一个激进的目标：2020 年 4 月 30 日，第一套设施开始试运行。

2. 实施阶段：混乱持续（2020 年 6 月底至 12 月）

虽然项目的启动阶段持续了近四个月，并在 Prince 本应完工的时候结束，但 Prince 的实际施工直到 2020 年 6 月 23 日才开始。为了实现项目的进度目标，Prince 的项目管理团队制订了详细的进度计划，设立了每天的进度目标。Beta 公司和其他分包商需要根据该进度目标制订计划，但偏离进度的情况经常发生。然后，各方都需要据此更新进度计划，导致耗费了大量的时间。（Beta 项目经理）

除了制订详细的进度计划和施工管理计划外，Beta 公司的从业人员还需要为某些分项工程提供具体的施工计划，尽管所需的施工技术已经成熟且并不复杂（Alpha 公司的土木工程师）。但是，上述提到的所有文件都需要通过专家会议的审查，才能开始施工。不幸的是，施工过程中出现了许多错误，且项目管理团队花费了大量时间在办公室处理这些文件，而非在施工现场工作。（Beta 公司项目副经理）

在施工阶段，Beta 公司碎片化地提供设计图纸，这也是 Beta 公司设计师处理设计任务的常用方式。这种非整体式的设计方式导致不同任务之间的整合程度很低，不同部分的设计也不一致。例如，当工人们试图将第一台垃圾处理机安装到两个地锚上时，发现两个地锚之间的距离并不合适。（Alpha 公司的土木工程师）

当所有设计都交付之后，Beta 的设计师们就很少再关注 Prince 了，除非有一些改动需要处理，分配给 Prince 的设计师是兼职人员，某些部分施工完成后才发现问题。例如，当仓库里的所有设施即将投入使用时，他们发现将污泥装入仓库的漏斗比仓库平台高出很多。因此，卡车无法将污泥卸入仓库。因此，他们不得不重新施工（Alpha 公司的土木工程师），这种返工在 Beta 公司并不少见。

Beta 项目管理人员的一个关键绩效指标就是通过 Prince 获得利润。因此，在施工阶段，尽管创新项目中工程变更很常见（Davies et al.，2018），但 Beta 公司并不欢迎变更，无论其是否可行（Alpha 公司的项目经理）。例如，由于长距离输送和冬季气温低，Alpha 公司多次建议在安装污泥输送管道之前，在管道旁增加供暖管道。但 Beta 公司拒绝了这一建议，尽管在试运行中该建议被证实是合理的。（会议记录）

　　为了赶在 8 月 30 日和 12 月 30 日这两个最后期限之前完工，Alpha 建议 Beta 公司要求分包商派遣更多的建筑工人（会议记录）。然而，两家分包商都不愿意雇用更多的工人。一方面，两家分包商的合同费用是固定的；另一方面，Alpha 和 Beta 公司的付款时间应遵循各组织规定的付款期限（Alpha 项目经理）。但最终，Alpha 和 Beta 公司与两家分包商谈判成功（会议记录）。分包商随后表示同意，但他们增加的大部分工人都是非熟练工人。（Alpha 公司副经理）

　　此外，项目经理只是兼职项目工作，因此他经常不在现场。Alpha 公司一再抱怨，Beta 公司为项目指派的工作组规模太小，具备的专业能力较弱（会议记录；Alpha 公司现场经理）。但 Beta 公司的项目经理在人力资源方面几乎没有选择余地，无法招聘新员工。（Beta 公司项目经理）

　　2020 年 5 月，Alpha 公司的领导要求相关部门在 Prince 中明确规定各自的任务；在施工的第一周，就下发了一份正式文件，概述了不同部门每个人的职责和任务。为了在实际工作中细致划分各部门的责任，Alpha 公司总经理要求各部门与 Beta 公司的项目执行人员和分包商召开协调会议。与此同时，Prince 项目管理团队的所有成员以及其他相关方的项目经理每两天召开一次综合协调会议。因此，Beta 公司的从业人员和分包商每天的大部分时间都花在了协调会议上。几周后，领导允许各部门在必要时随时召开协调会议。（Alpha 公司的燃料工程师）

　　由于责任分工明确，Alpha 公司四个部门的代表不再作为一个团队行动。代表们的工作表现分别由各自部门的副经理进行评估。然而，有些任务需要各部门之间的合作，有时谁也不承认是自己部门失职。（燃料部副经理、安装分包商项目经理）

　　业主组织的任务分工相当棘手。监督现场施工的员工并不负责技术。有时我们要求他们协调解决问题，他们说这不是他们的工作，我们应该找其他部门的工程师。然后当我们去找这个人时，他回答说"你应该去问现场的人，我已经告诉他了。"（Beta 项目经理）

　　为了确保安全施工，Alpha 公司的项目经理一再提醒脚手架工人遵守电工作业的安全规定。然而，工人们认为这些规定没什么用处，因此对安全提醒置若罔闻，因此 Alpha 公司的项目管理团队对他们进行了处罚。（Beta 公司项目经理）

"严格的安全规定是好事，但我们应该考虑这些规定是否适合某些特殊情况。业主的现场管理人员从未考虑过这一点。"（Beta 项目副经理）

在第二次推迟最后期限之后，进度目标仍然没有实现，于是 Alpha 公司的领导又为第一套机器试运行重新设定了进度目标，即 2020 年 10 月 30 日。幸运的是，终于赶在最后期限，第一套设施成功实现了运行。（会议记录、每日报告）

3. 试运行阶段：可见缺陷（2020 年 11 月至 2021 年 9 月）

在第一套设施调试过程中，第二套设施也在加紧建设中。第二套设施的施工工作于 2020 年 10 月开始。Alpha 公司计划在 2020 年 12 月 30 日将第二套设施投入使用。Alpha 公司的项目管理人员严格控制每日进度。正因 Alpha 公司加强了对进度的控制，需要更多第一套设施试运行的数据来改进设计，导致第二套设施的建设始终无法完成。（每日报告，Alpha 公司土木工程师）

施工现场的安全保护措施不足，始终不能达到安全施工的标准。此外，试运行阶段的施工经常出现失误。Alpha 项目管理团队在这一阶段加强了质量控制和安全控制。由 Alpha 公司多个部门的管理人员组成的检查小组每周都会对施工现场进行正式检查。对于 Beta 公司项目现场人员来说，这些检查严重影响了施工进度，而且有时检查人员过于挑剔和不合理（Beta 项目副经理）。因此，他们对 Alpha 公司项目管理人员指出的一些问题置之不理。有时 Alpha 公司要求停止所有施工活动，直到问题得到预期下的改善。（每日报告）

试运行开始后，污泥输送管道时常堵塞（每日报告）。究其原因，一方面是输送距离过长，另一方面是污泥被室外低温冻结而变得坚硬。在这种情况下，Beta 公司接受了 Alpha 公司的建议，增加了一套注模输送系统，并对两套系统的输送管道进行加热（每日报告）。然而，此时第一套设施其他所有的部件都已完工。这些返工耗费了更多时间和成本。

除了输电系统经常出现故障外，设施的其他部分也时不时出现故障。但由于项目管理团队收到了来自政府（2020 年 9 月底）的要求，必须在 2021 年 6 月之前实现一定量的污水污泥燃烧（Alpha 项目经理），因此他们必须尽可能维持机器长时间运行。因此，项目管理团队有时会采用捷径来处理故障，这反而导致了更多的故障出现，耗费了更多的成本。

虽然调试方法受到影响，但内部许可程序和 Beta 公司的招标程序必须遵守规范。为了获得 Beta 公司领导的批准，更换机器损坏部件的决定需要经过常规固定流程，至少需要一周的时间。采购新部件的方式比较灵活，例如，采购一些零部件的数量要多于施工所需的数量，以备将来可能出现的临时需求。但是，对于大多数经常损坏的部件，Beta 公司要求其遵守招标程序，大约需要三周的时间。（Alpha 和 Beta 项目经理）

对 Alpha 公司来说，由于严格的分工负责制，不同部门之间各自为政的现象依然严重。2020 年 11 月和 12 月，各部门因成功达到领导要求受到了奖励，因违反公司规定受到了处罚（Alpha 公司现场经理、正式文件）。这进一步阻碍了管理人员积极主动地解决需要跨部门合作的问题。

2021 年 1 月 19 日，比 2020 年 12 月 30 日这一最后期限晚了 19 天，第二套设施开始处理污泥。然而，Prince 无法按照所签署的技术协议中设计的功能运行。因此，Alpha 公司从 2021 年初开始停止支付 Beta 公司的服务费用。（Alpha 公司项目经理）

2021 年 7 月，尽管机器仍然存在故障，Beta 公司却不愿意为 Prince 购买替换部件，这让 Alpha 更不愿意向 Beta 公司支付费用。为了解决这个问题，2021 年 9 月底，双方达成协议，Alpha 公司只向 Beta 公司支付部分合同费用，然后 Beta 公司退出项目（Alpha 公司燃料工程师）。直到现在，两套设施仍然故障频发。（Alpha 公司项目经理）

5.4　讨　　论

Prince 项目是一个创新性的跨组织项目，Alpha 公司作为业主，Beta 公司作为总承包商，都参与了项目的管理。但这个项目并不完美，甚至在很多方面都失败了。失败的原因是多方面的：严格的进度控制、兼职设计师、项目经理的自由裁量权低下、参与的项目管理团队全方位地嵌入两个不同的组织、严格的成本控制，不灵活的交付标准。根据研究结果和现有文献，笔者建立了一个过程模型。该模型描述了项目在永久性组织中的整合以及项目管理实践如何导致创新项目的不完善（见图 5-2）。

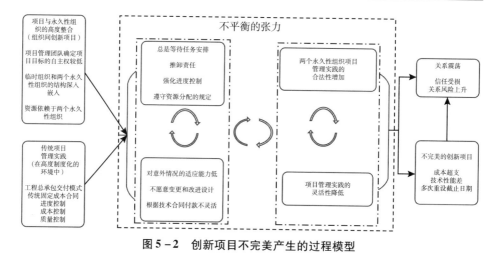

图 5 – 2　创新项目不完美产生的过程模型

5.4.1　合法性 – 灵活性张力的产生过程

研究结果表明，项目与永久性组织之间的互动导致项目管理团队面临合法性与灵活性张力。正如得菲利波和赛多（DeFillippi and Sydow，2016）所指出的，项目会受到临时组织和永久组织之间互动所产生的各种张力的影响。永久性组织通常以稳定性和连续性为导向（例如本案例中的两家高度制度化的公司）。然而，创新项目等临时组织旨在提高灵活性，实施创新和变革活动（Timo and Lampel，2020），通常需要采用可能违反永久组织规则的新方法（例如，分包商要求提前付款，以便在 Prince 雇用更多人员）（Lenfle，2016）。在这种情况下，项目管理团队面临着合法性与灵活性张力，这种张力源于项目需求的不确定性与永久性组织保持稳定性要求之间的冲突。例如，在时间紧迫的巨大压力下，项目仍需遵守审批流程，而这些流程的目的是降低永久性组织做出错误决策的风险。之前关于组织的研究大多集中在临时组织和永久组织之间不同的时间节奏所导致的张力上（Pemsel and Söderlund，2020；Timo and Lampel，2020）。而本章发现表明项目和组织在项目管理方法方面的要求不一致也会导致张力。

本章发现，项目与永久性组织的高度融合以及传统项目管理实践的主导地位共同导致项目管理团队在创新项目中过分强调合法性而忽视灵活性。理想情况下，来自永久性组织的等级制度在项目中不会那么普遍（Sydow and Braun，

2018）。然而，当项目与制度化的永久性组织高度融合时（就像本案例中的项目与永久性组织在结构和资源上深度融合一样），项目管理团队更有可能遵循永久性组织的规定和指示，而不是灵活地开展创新进程。这些规章制度包括业界广泛认可的项目管理标准，如铁三角（Gutiérrez and Magnusson，2014）制定的项目管理规章制度（例如，要求项目管理团队按照业主的项目管理规章制度管理项目）。为了应对变化和不确定性，项目管理团队确实作出了调整，例如，为了赶工期，施工现场立即进行了一些微小的改动。然而，在大多数情况下，他们管理关键事件的做法不够灵活。相反，他们重复并最终加强了传统的项目管理做法。像敏捷管理这样的项目管理实践在创新项目中可能是合法的（Midler，2019），但在本项目中却不合法。这一发现与莱顿和马丁索（Lehtonen and Martinsuo，2009）的观点一致，该研究指出，深度嵌入的项目在采用母公司的实践和程序时更有可能忽视灵活性；但与米德勒（2019）的观点不一致，他指出创新项目会系统地质疑，甚至越过总部推荐的最佳实践。

研究结果表明，在高度制度化的背景下，合法性是使用灵活的项目管理方法和项目管理创新意图的限制因素。之前关于合法性的项目管理研究主要集中于外部利益相关者（如当地社区）的合法性（Aaltonen，2013；Brunet and Aubry，2016）。很少有人专门关注项目对内部利益相关者（如业主和承包商）的合法性。此外，虽然现有文献承认拥有和获得合法性的重要性，但并没有详细说明合法性如何影响项目管理实践。目前为止只有一篇文献（Gutiérrez and Magnusson，2014）涉及该话题，该文献探索了决策者如何合法化未被广泛接受但计划付诸实践的决策方法。然而，古铁雷斯和马格努松（Gutiérrez and Magnusson，2014）的研究对象是项目组合管理经理，他们有权力建立一些机制，因地制宜地避免采用公认的方法。然而，本章研究对象是项目管理团队，他们是否采取灵活的项目管理方法取决于能否从永久性组织中获得合法性，这意味着项目管理团队如何处理合法性问题将影响其采用灵活的项目管理方法的能力。

5.4.2 合法性－灵活性张力，关系震荡及不完美项目

研究结果表明，在本案例中，低灵活性和高合法性导致了参与方之间的关

系震荡和创新项目的不完美。如果该项目较少地融入永久性组织，或者永久性组织调整结构且能为更加灵活、敏捷的项目管理提供更多合法性，这些不完善之处或可以避免。但本案例中项目管理团队强调合法性而忽视灵活性，面对项目的不确定需求和永久性组织要求之间的矛盾时，没有做出符合项目利益的决定。此外，组织间创新项目通常会模糊不同参与组织之间的界限以实现更多创新（Sydow and Braun，2018），然而，模糊的边界可能会导致业主在其他方负责的问题上进行不适当的干预（例如污泥处置场所与污泥仓库之间的距离），加剧创新项目的复杂性，并且影响参与方之间的关系。业主的不合理干预会使得其他参与方的利益受损，进而损害相互之间的信任，造成参与方之间的关系震荡。当项目与永久性组织深度整合时，高层领导无法掌握项目全貌，而项目管理团队难以抵制高层管理者的指示，导致这种负面影响将更加严重，无法实现项目预期绩效，反过来引起永久性组织采取更强的控制。因此，项目管理团队会为了保持自身行为高度合法做出更大努力，如严格遵循领导的规定和指示（尽管有些做法并不适合项目），结果，项目管理团队陷入了一个恶性循环。在项目过程中，合法性与灵活性之间的张力失衡，导致项目不断出现缺陷（如总是错过工期目标、同样的故障再次发生）。这进一步导致项目各参与方陷入信任危机，最终触发组织间关系震荡。

如稳定性和变革性之间关系一样，合法性和灵活性被视为二元关系，可以相互促进（Farjoun，2010）。克拉克和蕙莱特（Clark and Wheelwright，1992）和米德勒（2019）发现，高度重视创新的企业即使处于高度制度化的环境中，为实现合法性与灵活性的平衡，会采用重量级项目管理模式。例如，在汽车行业，创新已成为竞争力的关键来源，该行业的企业对创新项目投入巨大。他们接受巨大的内部变革并保持开放性，同时又关注内部稳定，且能使创新活动制度化。然而，正如本案例结果显示，在其他高度制度化的环境中，组织结构不容易接受探索性实践（合法性和灵活性在这里是相互对立的）；特别是在未来很长一段时间内不创新也能保持良好利润水平的企业，可能更加不会为创新项目破例（如采用重量级项目管理模式）。对于一个重要但不足以破例的创新项目，永久性组织的承诺表现为在微观层面控制项目，例如，以正式和非正式的方式向领导汇报、干预决策和其他控制措施等，从而使项目在结构和规则上深深融入组织。因此，项目管理团队的新实践要想在组织内部获得超越常规项目管理方式的合法性并不容易。解决这一矛盾的一个潜在办法是，永久性组织采用结构灵活性战略，在核心业务部门之外建立自主探索团队。但在所调查的案例中，各组织无法采用这种结构性解决方案。

当项目管理团队成员深入嵌入上级组织时，组织间的环境使解决创新项目中合法性与灵活性之间的张力变得更加复杂，而这两个组织的项目目标是不同的。因此，他们需要在多种、有时甚至是相互冲突的制度要求之间游刃有余，以便就灵活的项目管理实践达成共识，解决创新项目中的突发问题（Dille and Söderlund，2011）。但是，当组织具有相似的制度和平等的地位时（就像本案例中的两家公司一样，它们都是国有企业，具有相似的人力资源结构和资本资源分配许可程序），由于相互理解对方的合法性来源，因合法性来源竞争而产生的张力并不明显。相反，项目的不确定需求与两个寻求稳定的永久性组织的制度要求之间的差异所带来的张力在项目实施中发挥着关键作用。

根据项目管理文献，项目失败的关键原因是未能"计划和管理计划"以及"未能按时完成项目"（Müller and Turner，2010；Hughes et al.，2016）。与该结论不同，本案例研究发现，创新项目的不完美可能是由于过分强调这些传统的项目管理实践，而忽视了对项目不确定性的适应。这意味着不同类型的项目失败的原因各不相同。此外，本章还展示了与永久性组织高度融合的创新项目的不完美是如何产生的。这有助于理解项目与外部环境的相互作用机制以及这些机制在项目绩效中的作用。通过分析创新项目运行过程中合法性与灵活性之间张力失衡导致组织间关系震荡的问题，加深了对跨组织合作项目中组织间关系震荡触发机制的理解。

5.5　结论与启示

本章在对一个创新项目进行案例分析的基础上，借鉴了实践理论，提出了一个过程模型，描述了对永久性组织合法性的严格遵守以及将这种合法性应用于项目管理实践是如何导致组织间的关系震荡和创新项目的不完美。

通过整合项目与组织界面管理和创新管理、采用适用于张力（如合法性与灵活性张力）研究的实践视角，有别于项目失败研究的传统方向，从所谓的

"因素/成功学派"（专注于项目成功与失败的标准和因素的描述性统计）转向探索项目不完美以及组织间关系震荡如何产生的过程。现有关于项目失败的文献指出，一般情况下项目失败的原因是缺乏有效的计划和控制。然而，本章研究结果发现这一结论并不适合创新项目；相反，过分强调这些传统的项目管理实践而忽视实践的灵活性会导致创新项目的不完美以及组织间的关系震荡。

通过提出合法性与灵活性之间的矛盾，解释了创新项目为什么不采用新的项目管理方法。现有文献极力主张在创新项目中使用新的项目管理方法，如重型项目管理模式和"敏捷"管理（Clark and Wheelwright，1992）。但若项目（如公共项目）处于高度制度化的环境中，这些方法可能就不合法了。这意味着有必要扩大研究边界，探索这些灵活的项目管理方法适用边界。

此外，一般来说，项目管理团队和内外部利益相关者并不能完全控制所有项目管理方法合法性因素，但从合法性与灵活性张力角度进一步探讨创新项目与所处环境之间的相互作用为相关领域提供了新的见解。本章回应了赛多和温德勒（2020）的呼吁，即更多地关注临时组织与制度环境之间的关系。同时进一步解释现有项目管理研究结果在项目与组织界面管理对项目绩效影响方面的不一致（Johansson et al.，2007；Lehtonen and Martinsuo，2009；Turkulainen et al.，2015；Gemünden et al.，2018）。

在项目管理方面，本章增加了对项目不完美发生过程的理解，进一步明确了先前研究提出创新项目管理实践的管理条件，有利于避免创新项目的失败。在高度制度化的背景下，当项目管理团队与把稳定性和维持现状放在首位的永久性组织高度融合时，要使灵活的项目管理方法合法化并非易事。为灵活的项目管理实践赢得合法性的一个可能方法是在初始阶段将团队结构与核心业务部门分开。更重要的是，在永久性组织中掌握权力的领导者应发挥积极作用，从结构、人员和价值三个方面制定相关规章制度（Gemünden et al.，2018）。这或许无法解决公共项目中不符合政府规定的新做法的合法性问题，但至少可以缓解合法性主导灵活性下的不平衡，并有望鼓励项目管理从业者更有创造性地解决突发问题。

本章基于合法性与灵活性张力视角，解释了项目运行过程中各方人员的矛盾来源。现有文献只分析了组织间关系震荡的影响因素，例如谷民崇（2017）通过剖析 PPP 模式下政府、企业以及资本方在合作过程中的主体行为选择，指出风险分担意识弱、利益相关者的职责不清是导致双方关系破裂的关键因。鲜有学者研究考虑项目嵌入的永久性组织对组织间关系发展的影响，本章基于合法性与灵活性的讨论，从张力视角，跨层次探讨了项目组织间关系震荡的发生和发展过程。

　　本书此部分研究并非没有局限性。由于我们有机会接触到大量项目过程文件和项目中的关键人物，因此得以研究组织和项目层面的互动如何影响（不期望的）项目成果。然而，不能排除在其他情况下，例如在消费品创新项目中，基于这些经验见解的过程模型可能会有些差异。其次，只关注了业主和 EPC 承包商组织，分包商的内部流程可能也会对项目结果产生影响。希望未来的研究能在本章研究结论的基础上，进一步探索项目与永久组织的衔接以及项目多方的项目实践是如何影响项目成果的。此外，本案例是公共工程项目，这也是合法性 – 灵活性张力形成的主要原因。然而，创新项目的研究一般是在新产品开发的背景下开展的，在这种情况下是否存在张力，还需进一步研究。

附录 1 专家访谈纲要

一、访谈目的和用途

笔者基于文献，初步识别出 30 个导致发包商和承包商关系质量下降的风险因素。为尽可能保证所识别因素的全面性和科学性，并判断因素间的影响关系，特邀请各位专家对关系风险因素进行修正和完善，并填写发包商和承包商关系质量下降风险因素的影响关系问卷，结合专家意见和建议开展后续研究。

二、访谈形式

此次访谈采取电话访谈的形式，并全程录音。

三、访谈对象

本次访谈对象为建设单位、施工单位以及第三方监理单位的 6 名一线管理人员和技术人员。

四、访谈纲要

1. 业主和承包商关系质量下降风险因素的增减、修正

（1）您认为工程项目中业主和承包商之间面临哪些风险因素可能导致双方关系质量下降？

（2）您认为笔者当前识别的关系风险因素中，是否存在重复、不相关、表述有误的地方？

2. 业主和承包商关系质量下降风险因素之间的影响关系判断

您认为发包商和承包商关系风险因素之间的影响关系是怎样的？并填写风险因素之间的影响关系调查问卷。

3. 业主和承包商关系破裂的导火索事件

您认为业主和承包商存在上述潜在关系风险因素的情况下，发生哪些事件会直接导致双方关系破裂？

附录 2　业主和承包商关系质量下降风险因素调查问卷

尊敬的专家：

　　您好！非常感谢您百忙之中抽出时间参与此次问卷调查。我是一名在读研究生，目前正在就业主和承包商关系风险方面的相关内容撰写论文。此次问卷调查的目的是更科学、客观地判断导致业主和承包商之间关系质量下降的风险因素之间的相互关系，鉴于您具有丰富的实践经验和专业知识，特邀请您填写此问卷。本人在此郑重承诺，此次问卷调查的结果将仅用于毕业论文的撰写，绝不会泄露您的任何个人隐私和看法。您的宝贵意见将是本文论文撰写的重要依据，请您结合自己的工作经验和专业技能认真填写此次问卷。再次感谢您的大力支持！

第一部分：专家背景

　　1. 您所在的单位性质（　　　）

　　A. 建设单位　　　　B. 施工单位　　　　C. 监理单位　　　　D. 高校

　　E. 其他：＿＿＿＿＿＿

　　2. 您的教育背景（　　　）

　　A. 专科及以下　　　B. 本科　　　　　　C. 硕士　　　　　　D. 博士

　　3. 您的职位/职称＿＿＿＿＿＿＿＿＿＿

　　4. 您从事工程建筑相关工作年限为（　　　）

　　A. 3 年以下　　　　B. 3 ~ 5 年　　　　C. 5 ~ 10 年　　　　D. 10 年以上

第二部分：填写说明

以下为业主和承包商关系质量下降的风险因素清单，包含风险因素及其含义解释。

编号	关系质量下降的风险因素	解释说明
S_1	合同内容设计不完整	合约双方不能将未来可能发生的所有情况以及各种情况下各方的权利和义务写进合同
S_2	信息不对称	业主缺乏对最新的施工工艺、技术等的了解
S_3	合同执行力度差	由于合同中存在部分柔性条款、合约执行过程中成本不断提高（事前谈判、事后调整、监督等活动成本）、合约内容不够完善等原因，合约一方对另一方违约行为的监督和惩罚（谈判、赔偿、仲裁等）不够严厉到位；且普遍存在对乙方约束明显多于甲方的情况
S_4	风险分担机制不完善	合理的风险分担机制以项目所有权为基础，承包人在获得项目控制权的同时，承担相应的风险，如材料价格上涨带来的成本超支风险
S_5	交易成本高	获取和处理信息、监督和管理合同执行、协调活动、活动组织和执行成本、审批流程复杂造成的时间成本、安全管理费用等
S_6	信任水平低	对合作方的行为和意愿不抱有积极期望，尤其在后期；不愿相信且接受合作方完成目标任务的能力；不相信合作方在出现机会主义行为时双方能够公平公正地谈判
S_7	沟通和信息共享不畅	项目实施过程中合作双方不能主动、及时地交流分享各类信息、资源、技能、经验等；受限于各自的能力、技术等因素，沟通效果不理想
S_8	协调谈判不到位	双方出现不一致和分歧时，未及时进行协商，且沟通过程中双方各执一词，难以达成一致
S_9	参与方行为不确定	参与方的能力水平、社会关系状况以及面对突发状况和冲突时的行为选择都具有较大不确定性；且可能出现态度恶劣、缺乏集体责任感等个别现象
S_{10}	存在利益冲突	发包商希望降低工程造价成本，并且对工程质量要求较高，而承包商期望得到较高的工程价款，可能通过偷工减料来降低成本开支

编号	关系质量下降的风险因素	解释说明
S_{11}	缺乏有效的组织管理	相关负责人管理水平有限，出现决策失误；组织内部对于人员、资金、技术经营等管理不善，运作效率低
S_{12}	依赖关系不对称	一方拥有绝对的资源优势，具有稀缺性和不可替代性，且弱势方难以找到其他合作伙伴，被迫依赖于强势方，加剧不公平感
S_{13}	公平感知度低	包括分配公平（利益分配结果不公平）、程序公平（合作方之间发生争端时，裁决和谈判的程序不公平）、交流公平（项目实施过程中，合作方在进行决策和执行时的交流不公平，未做到尊重、礼貌、诚信、平等、共享）
S_{14}	设计变更	通常由建设单位提出，对原定的施工图纸进行修改
S_{15}	现场签证管理不规范	业主和承包商须就合同之外的意外情况所带来的施工内容、造价的增加进行签认证明，由于业主不熟悉招标文件以及造价管理，对承包商不符合实际的申请进行随意签证；业主对签证的内容审核严格，导致承包商申请的签证不被业主认可；签证内容缺乏必要的手续、附图等实际证据

以下 4 个表格为各风险因素之间的影响关系，若您认为 S_i 对 S_j 有直接影响，则在对应的单元格内填 "1"，若您认为没有直接影响，则在对应的单元格内填 "0"（要素对其本身而言没有影响，因此为 0）。

S_i　S_j	合同内容设计不完整	信息不对称	合同执行力度差	风险分担机制不完善	交易成本高	信任水平低	沟通和信息共享不畅
合同内容设计不完整	0						
信息不对称		0					
合同执行力度差			0				
风险分担机制不完善				0			
交易成本高					0		
信任水平低						0	
沟通和信息共享不畅							0

S_i / S_j	合同内容设计不完整	信息不对称	合同执行力度差	风险分担机制不完善	交易成本高	信任水平低	沟通和信息共享不畅
协调谈判不到位							
参与方行为不确定							
存在利益冲突							
缺乏有效的组织管理							
依赖关系不对称							
公平感知度低							
设计变更							
现场签证管理不规范							

S_i / S_j	协调谈判不到位	参与方行为不确定	存在利益冲突	缺乏有效的组织管理	依赖关系不对称	公平感知度低	设计变更	现场签证管理不规范
合同内容设计不完整								
信息不对称								
合同执行力度差								
风险分担机制不完善								
交易成本高								
信任水平低								
沟通和信息共享不畅								

S_i / S_j	协调谈判不到位	参与方行为不确定	存在利益冲突	缺乏有效的组织管理	依赖关系不对称	公平感知度低	设计变更	现场签证管理不规范
协调谈判不到位	0							
参与方行为不确定		0						
存在利益冲突			0					
缺乏有效的组织管理				0				
依赖关系不对称					0			
公平感知度低						0		
设计变更							0	
现场签证管理不规范								0

参 考 文 献

[1] 陈震，何清华，李永奎．基于 Agent 的重大工程项目公民行为——项目绩效演化仿真 [J]．系统管理学报，2018，27（5）：904 – 919.

[2] 陈方平，孙燕娜．建设工程合同谈判的策略模型研究 [J]．建筑经济，2020，41（S1）：286 – 289.

[3] 陈菲琼，虞旭丹．联盟关系风险生成机制研究：以娃哈哈为例 [J]．科研管理，2010，31（6）：159 – 166，179.

[4] 崇丹，李永奎，乐云．城市基础设施建设项目群组织网络关系治理研究——一种网络组织的视角 [J]．软科学，2012，26（2）：13 – 19.

[5] 邓娇娇．公共项目契约治理与关系治理的整合及其治理机理研究 [D]．天津：天津大学，2015.

[6] 邓宏钟，谭跃进，迟妍．一种复杂系统研究方法——基于多智能体的整体建模仿真方法 [J]．系统工程，2000（4）：73 – 78.

[7] 董维维，庄贵军．中国营销渠道中关系营销导向对企业关系型治理的影响 [J]．管理学报，2013，10（10）：1520 – 1527.

[8] 杜亚灵，李会玲，柯洪．中国情境下工程项目中承包商公平感知量表的开发与验证 [J]．系统管理学报，2016，25（1）：165 – 174.

[9] 方炜，牛婷婷．产学研项目利益相关方关系网络演化动力研究 [J]．科学学研究，2017，35（5）：746 – 753.

[10] 房韶泽．交易成本视角下重大工程项目关系治理与契约治理研究 [D]．济南：山东建筑大学，2019.

[11] 冯楠．建设单位拖欠工程款的法律规则探讨 [D]．青岛：青岛大学，2018.

[12] 付丽茹，解进强．企业文化对供应链合作关系质量的影响分析 [J]．商业时代，2011（24）：27 –28．

[13] 谷民崇．"PPP 项目"主体合作与破裂的行为研究 [J]．科技管理研究，2017，37（2）：186 –190．

[14] 韩亚品，胡珑瑛．基于混沌理论的创新网络中组织间信任演化研究 [J]．运筹与管理，2014，23（4）：219 –227．

[15] 何雪英．IPD 工程交易模式的实施环境研究 [D]．重庆：重庆大学，2018．

[16] 黄俊时．设计变更下 EPC 项目业主与承包方索赔博弈分析 [J]．现代商贸工业，2022，43（18）：183 –185．

[17] 黄锐．基于合同不完善条件下发承包双方风险分担机制研究 [D]．成都：西华大学，2014．

[18] 李孝林．建设项目关系治理困境的形成机理及治理路径研究 [D]．天津：天津理工大学，2021．

[19] 李真，孟庆峰，盛昭瀚，等．工程质量优化的承包商群体激励效率演化分析 [J]．中国管理科学，2012，20（3）：112 –121．

[20] 林艺馨，张慧瑾．合同治理、关系治理对合作行为的影响研究 [J]．建筑经济，2020，41（S2）：209 –214．

[21] 刘世杰，李书全．正式网络中施工组织安全行为传播仿真分析 [J]．华侨大学学报（自然科学版），2021，42（5）：644 –652．

[22] 刘刚，王岚．公平感知、关系质量与研发合作关系价值研究 [J]．科研管理，2014，35（8）：25 –33．

[23] 吕文学，李智．公平感与关系治理对工程争端谈判中合作行为的影响 [J]．项目管理技术，2016，14（1）：7 –13．

[24] 骆亚卓．项目契约治理与关系治理研究现状与评述 [J]．人民论坛·学术前沿，2017（24）：104 –107．

[25] 亓霞，柯永建，王守清．基于案例的中国 PPP 项目的主要风险因素分析 [J]．中国软科学，2009（5）：107 –113．

[26] 施绍华．业主与承包商信任关系建立及影响因素研究 [D]．北京：华北电力大学，2014．

［27］宋亮亮．城市地铁系统运行的脆弱性仿真研究及应用［D］．南京：东南大学，2018．

［28］田丰，李侠，李坚石．基于复杂适应系统的经济建模仿真方法［J］．计算机仿真，2008（10）：266 - 271．

［29］王新宇．基于系统动力学的IPD模式合作关系演化研究［D］．重庆：重庆大学，2021．

［30］王美京．工程合同参照点、公平感知与承包人履约行为的关系研究［D］．天津：天津理工大学，2021．

［31］王德东，房韶泽，王新成．业主与承包商信息共享策略的影响机制［J］．土木工程与管理学报，2018，35（6）：78 - 86．

［32］王孟钧，陆洋．建设项目主体间冲突型博弈的效益分析及制度设计［J］．科技进步与对策，2011，28（13）：31 - 34．

［33］文艳艳，柴国荣，陈振华，等．大型复杂项目的网络稳定性及其治理［J］．科技管理研究，2017，37（23）：233 - 239．

［34］吴碾子，徐雷．基于改进解释结构模型和交叉影响矩阵相乘法的建设工程质量影响因素分析［J］．科学技术与工程，2020，20（8）：3222 - 3230．

［35］武志伟，陈莹．企业间关系质量的测度与绩效分析——基于近关系理论的研究［J］．预测，2007（2）：8 - 13．

［36］徐秋虹．关于总承包模式下业主对重大项目成本管控的思考［J］．中国总会计师，2022（12）：126 - 129．

［37］徐晓蓓，袁红平．基于Agent建模的BIM技术扩散机理研究［J］．工业工程，2021，24（6）：57 - 64．

［38］严玲，邓娇娇，吴绍艳．临时性组织中关系治理机制核心要素的本土化研究［J］．管理学报，2014，11（6）：906 - 914．

［39］严玲，赵华．基于项目控制权的代建项目风险分担机制［J］．中国港湾建设，2008（5）：67 - 73．

［40］姚琦．组织行为学中的信任违背和修复研究［J］．南开学报（哲学社会科学版），2011（5）：133 - 140．

［41］姚作为．关系质量的关键维度——研究述评与模型整合［J］．科技

管理研究，2005（8）：136－141.

　　[42] 姚小刚，凌传荣. 多因素影响下工期索赔的复杂性 [J]. 同济大学学报（自然科学版），2001（3）：362－365.

　　[43] 尹贻林，徐志超，孙春玲. 信任与控制对项目绩效改善作用的研究 [J]. 技术经济与管理研究，2013（12）：3－8.

　　[44] 游洋. 基于系统动力学的PPP利益相关者关系质量仿真研究 [D]. 天津：天津大学，2018.

　　[45] 余鹏翼，陈新，陈文婷，等. 投行关系、声誉与并购绩效——基于关系契约的视角 [J]. 管理评论，2022，34（12）：251－263.

　　[46] 袁宏川，李慧民. 工程合同索赔谈判中的博弈分析 [J]. 工业技术经济，2008（7）：119－122.

　　[47] 张丽. 建设市场主体之间的委托代理关系——从经济学角度看建设市场主体之间的利益冲突与激励机制 [J]. 工程经济，2001（6）：33－35.

　　[48] 张丽. 从经济学角度看建设市场主体之间的利益冲突与激励机制 [J]. 建筑管理现代化，2000（1）：53－54.

　　[49] 张道文，董鑫驰，汤楷文，等. 考虑因素属性及层级关系的十字路口汽车事故致因分析 [J]. 安全与环境学报，2023，23（11）：4033－4041.

　　[50] 张剑渝，樊志文. 渠道冲突、协商策略与企业关系质量——契约明确性的调节作用 [J]. 财经科学，2019（6）：83－94.

　　[51] 张连营，汪炼念，谷李忠. IPD项目参与方合作关系质量演化 [J]. 土木工程与管理学报，2015，32（4）：1－7.

　　[52] 张语芮，姚洪江，陈勇强. 工程项目中违约对执行方式的影响研究：资产专用性的调节作用 [J]. 工程管理学报，2019，33（5）：80－84.

　　[53] 赵平伟，张鹏鹏，陈杰，等. 基于扎根理论的EPC总承包商机会主义行为形成因素研究 [J]. 工程管理学报，2023，37（5）：41－46.

　　[54] 钟硕华. 基于多智能体的隧道施工坍塌应急救援仿真 [J]. 项目管理技术，2019，17（1）：94－99.

　　[55] 钟云，丰景春，薛松，等. PPP项目利益相关者关系演化动力的实证研究 [J]. 工程管理学报，2015，29（3）：94－99.

　　[56] 周慧. IPD模式下工程项目合作风险的关系治理研究 [D]. 天津：

天津大学，2018.

[57] 庄贵军. 营销渠道中的人际关系与跨组织合作关系：概念与模型 [J]. 商业经济与管理，2012（1）：25 - 33.

[58] Aaltonen K. The establishment of legitimacy：The case of international projects [J]. International Journal of Managing Projects in Business，2013，6（1）：13 - 35.

[59] Alimadadi S，Bengtson A，Salmi A. Disruption，dissolution and reconstruction：A dialectical view on inter-organizational relationship development [J]. Scandinavian Journal of Management，2019，35（3）：101047.

[60] Anvuur A M. Cooperation in construction projects：Concept，antecedents and strategies [J]. HKU Theses Online（HKUTO），2008.

[61] Baccarini D. The logical framework method for defining project success [J]. Project Management Journal，1999，30：25 - 32.

[62] Baker B N，Murphy D C，Fisher D. Factors affecting project success [C]. Cleland D I，King W R，eds. . 1 edition. Wiley，1997：902 - 919.

[63] Benton W C，Maloni M. The influence of power driven buyer/seller relationships on supply chain satisfaction [J]. Journal of Operations Management，2005，23（1）：1 - 22.

[64] Besner C，Hobbs B. Discriminating contexts and project management best practices on innovative and noninnovative projects [J]. Project Management Journal，2008，39（1_suppl）：S123 - S134.

[65] Blomquist T，Hällgren M，Nilsson A et al. Project-as-Practice：In search of project management research that matters [J]. Project Management Journal，2010，41（1）：5 - 16.

[66] Bowers C，Pharmer J，Salas E. When member homogeneity is needed in work teams：A meta-analysis [J]. Small Group Research，2000，31：305 - 327.

[67] Bozic B，Siebert S，Martin G. A strategic action fields perspective on organizational trust repair [J]. European Management Journal，2019，37（1）：58 - 66.

[68] Brislin R W. Translation and content analysis of oral and written materials

[J]. Methodology, 1980: 389 – 444.

[69] Brown J R, Lusch R F, Nicholson C Y. Power and relationship commitment: their impact on marketing channel member performance [J]. Journal of Retailing, 1995, 71 (4): 363 – 392.

[70] Brunet M, Aubry M. The three dimensions of a governance framework for major public projects [J]. International Journal of Project Management, 2016, 34 (8): 1596 – 1607.

[71] Burnes B, Coram R. Barriers to partnerships in the public sector: the case of the UK construction industry [J]. Supply Chain Management: An International Journal, 1999, 4 (1): 43 – 50.

[72] Bygballe L E, Swärd A R, Vaagaasar A L. A routine dynamics lens on the stability-change dilemma in project-based organizations [J]. Project Management Journal, 2021, 52 (3): 278 – 286.

[73] Bygballe L E, Swärd A R, Vaagaasar A L. Coordinating in construction projects and the emergence of synchronized readiness [J]. International Journal of Project Management, 2016, 34 (8): 1479 – 1492.

[74] Caniëls M C J, Gelderman C J. The safeguarding effect of governance mechanisms in inter-firm exchange: The decisive role of mutual opportunism [J]. British Journal of Management, 2010, 21 (1): 239 – 254.

[75] Cao Z, Lumineau F. Revisiting the interplay between contractual and relational governance: A qualitative and meta-analytic investigation [J]. Journal of Operations Management, 2015 (01): 15 – 42.

[76] Castelfranchi C. Earthquakes in trust networks: Basic dynamic principles [J]. Available at SSRN 2033845, 2012.

[77] Chan E H W, Au M C Y. Building contractors' behavioural pattern in pricing weather risks [J]. International Journal of Project Management, 2007, 25 (6): 615 – 626.

[78] Chan A P C, Chan D W M, Chiang Y H et al. Exploring critical success factors for partnering in construction projects [J]. Journal of Construction Engineering and Management, 2004, 130 (2): 188 – 198.

［79］Chang C Y. Risk-bearing capacity as a new dimension to the analysis of project governance ［J］. International Journal of Project Management, 2015, 33 (6): 1195 – 1205.

［80］Chen T C, Lin Y C, Wang L C. The analysis of BOT strategies based on game theory-case study on taiwan's high speed railway project ［J］. Journal of Civil Engineering and Management, 2012, 18 (5): 662 – 674.

［81］Chin W W. How to write up and report PLS analyses ［M］. Esposito Vinzi V, Chin W W, Henseler J, et al., eds. //Handbook of Partial Least Squares: Concepts, Methods and Applications. Berlin, Heidelberg: Springer, 2010: 655 – 690.

［82］Clark K B, Wheelwright S C. Organizing and leading "heavyweight" development teams ［J］. California Management Review, 1992, 34 (3): 9 – 28.

［83］Crosno J L, Dahlstrom R. A meta-analytic review of opportunism in exchange relationships ［J］. Journal of the Academy of Marketing Science, 2008, 36 (2): 191 – 201.

［84］Das T K, Kumar R. Regulatory focus and opportunism in the alliance development process ［J］. Journal of Management, 2011, 37 (3): 682 – 708.

［85］Das T K, Teng B. Risk types and inter-firm alliance structures ［J］. Journal of Management Studies, 1996, 33 (6): 827 – 843.

［86］Das T K, Teng B S. A risk perception model of alliance structuring ［J］. Journal of International Management, 2001, 7 (1): 1 – 29.

［87］Das T K, Teng B S. Trust, control, and risk in strategic alliances: An integrated framework ［J］. Organization Studies, 2001b, 22 (2): 251 – 283.

［88］Davies A, Manning S, Söderlund J. When neighboring disciplines fail to learn from each other: The case of innovation and project management research ［J］. Research Policy, 2018, 47 (5): 965 – 979.

［89］Deephouse D L. Does isomorphism legitimate? ［J］. Academy of Management Journal, 1996, 39 (4): 1024 – 1039.

［90］DeFillippi R, Sydow J. Project networks: Governance choices and paradoxical tensions ［J］. Project Management Journal, 2016, 47 (5): 6 – 17.

[91] Della Corte V, Aria M. Why strategic networks often fail: Some empirical evidence from the area of naples [J]. Tourism Management, 2014, 45: 3 – 15.

[92] Dille T, Söderlund J. Managing inter-institutional projects: The significance of isochronism, timing norms and temporal misfits [J]. International Journal of Project Management, 2011, 29 (4): 480 – 490.

[93] Ding Y, Pan X, Chen W et al. Prediction method for office building energy consumption based on an agent-based model considering occupant-equipment interaction behavior [J]. Energies, 2022, 15: 8689.

[94] Dirks K T, Ferrin D L. The role of trust in organizational settings [J]. Organization Science, 2001, 12 (4): 450 – 467.

[95] Donato M, Ahsan K, Shee H. Resource dependency and collaboration in construction supply chain: literature review and development of a conceptual framework [J]. International Journal of Procurement Management, 2015, 8 (3): 344.

[96] Drexler J A, Larson E W. Partnering: Why project owner-contractor relationships change [J]. Journal of Construction Engineering and Management, 2000, 126 (4): 293 – 297.

[97] Dubois A, Gadde L-E. Systematic combining: An abductive approach to case research [J]. Journal of Business Research, 2002, 55 (7): 553 – 560.

[98] Dwyer F R, Schurr P H, Oh S. Developing buyer-seller relationships [J]. Journal of Marketing, 1987, 51 (2): 11 – 27.

[99] Ebbers J J, Wijnberg N M. Disentangling the effects of reputation and network position on the evolution of alliance networks [J]. Strategic Organization, 2010, 8 (3): 255 – 275.

[100] Ellis P D. Factors affecting the termination propensity of inter-firm relationships [J]. European Journal of Marketing, 2006, 40 (11/12): 1169 – 1177.

[101] El-Sayegh S M. Risk assessment and allocation in the UAE construction industry [J]. International Journal of Project Management, 2008, 26 (4): 431 – 438.

［102］ Faems D, Janssens M, Madhok A et al. Toward an integrative perspective on alliance governance: Connecting contract design, trust dynamics, and contract application [J]. Academy of Management Journal, 2008, 51 (6): 1053 – 1078.

［103］ Farjoun M. Beyond dualism: Stability and change as a duality [J]. The Academy of Management Review, 2010, 35 (2): 202 – 225.

［104］ Feldman M S, Orlikowski W J. Theorizing practice and practicing theory [J]. Orlikowski, 2011, 22 (5): 1240 – 1253.

［105］ Fernandez D J, Fernandez J D. Agile project management—Agilism versus traditional approaches [J]. Journal of Computer Information Systems, 2008, 49 (2): 10 – 17.

［106］ Fiegenbaum A, Hart S, Schendel D. Strategic reference point theory [J]. Strategic Management Journal, 1996, 17 (3): 219 – 235.

［107］ Fiegenbaum A, Thomas H. Attitudes toward risk and the risk-return paradox: Prospect theory explanations [J]. Academy of Management Journal, 1988, 31 (1): 85 – 106.

［108］ Florack A, Hartmann J. Regulatory focus and investment decisions in small groups [J]. Journal of Experimental Social Psychology, 2007, 43 (4): 626 – 632.

［109］ Flyvbjerg B. The fallacy of beneficial ignorance: A test of hirschman's hiding hand [J]. World Development, 2016, 84: 176 – 189.

［110］ Forsythe P, Sankaran S, Biesenthal C. How far can BIM reduce information asymmetry in the australian construction context? [J]. Project Management Journal, 2015, 46 (3): 75 – 87.

［111］ Fournier S, Brasel A. When good brands do bad [J]. Journal of Consumer Research, 2004, 31: 1 – 16.

［112］ Friday D, Ryan S, Sridharan R et al. Collaborative risk management: A systematic literature review [J]. International Journal of Physical Distribution & Logistics Management, 2018, 48 (3): 231 – 253.

［113］ Frimpong Y, Oluwoye J, Crawford L. Causes of delay and cost overruns in construction of groundwater projects in a developing countries; ghana as a case study [J]. International Journal of Project Management, 2003, 21 (5): 321 –326.

[114] Gedeon I-M, Fearne A, Poole N. The role of inter-personal relationships in the dissolution of business relationships [J]. Journal of Business and Industrial Marketing, 2009, 24 (3 –4): 218 –226.

[115] Gemünden H G, Lehner P, Kock A. The project-oriented organization and its contribution to innovation [J]. International Journal of Project Management, 2018, 36 (1): 147 –160.

[116] Ghoshal S, Moran P. Bad for practice: A critique of the transaction cost theory [J]. The Academy of Management Review, 1996, 21 (1): 13.

[117] Giddens A. Central problems in social theory: Action, structure, and contradiction in social analysis [M]. Univ of California Press, 1979.

[118] Giller C, Matear S. The termination of inter-firm relationships [J]. Journal of Business & Industrial Marketing, 2001, 16 (2): 94 –112.

[119] Gino F, Margolis J D. Bringing ethics into focus: How regulatory focus and risk preferences influence (un) ethical behavior [J]. Organizational Behavior and Human Decision Processes, 2011, 115 (2): 145 –156.

[120] Gioia D, Corley K, Hamilton A. Seeking qualitative rigor in inductive research [J]. Organizational Research Methods, 2013, 16: 15 –31.

[121] Goldberg V P. Toward an expanded economic theory of contract [J]. Journal of Economic Issues, 1976, 10 (1): 45 –61.

[122] Grix J. The foundations of research [M]. Bloomsbury Publishing, 2018.

[123] Grudinschi D, Sintonen S, Hallikas J. Relationship risk perception and determinants of the collaboration fluency of buyer—Supplier relationships in public service procurement [J]. Journal of Purchasing and Supply Management, 2014, 20 (2): 82 –91.

[124] Gutiérrez E, Magnusson M. Dealing with legitimacy: A key challenge for project portfolio management decision makers [J]. International Journal of Project Management, 2014, 32 (1): 30 –39.

[125] Hair Jr J, Hair Jr J F, Hult G T M et al. A primer on partial least

squares structural equation modeling（PLS-SEM）［M］. Sage Publications，2021.

［126］Hair J F，Ringle C M，Sarstedt M. Partial least squares structural equation modeling：Rigorous applications，better results and higher acceptance ［J］. Long Range Planning，2013，46（1－2，SI）：1－12.

［127］Hair J F，Sarstedt M，Ringle C M et al. An assessment of the use of partial least squares structural equation modeling in marketing research ［J］. Journal of the Academy of Marketing Science，2012，40（3）：414－433.

［128］Halinen A，Salmi A，Havila V. From dyadic change to changing business networks：An analytical framework ［J］. Journal of Management Studies，1999，36（6）：779－794.

［129］Handley S M，Benton W C Jr. The influence of exchange hazards and power on opportunism in outsourcing relationships ［J］. Journal of Operations Management，2012，30（1－2）：55－68.

［130］Hanseth O，Monteiro E，Hatling M. Developing information infrastructure：The tension between standardization and flexibility ［J］. Science，Technology，& Human Values，1996，21（4）：407－426.

［131］Hartono B，Sulistyo S R，Praftiwi P P et al. Project risk：Theoretical concepts and stakeholders' perspectives ［J］. International Journal of Project Management，2014，32（3）：400－411.

［132］Heide J B，John G. Do norms matter in marketing relationships? ［J］. Journal of Marketing，1992，56（2）：32－44.

［133］Heide J B，Wathne K H，Rokkan A I. Interfirm monitoring，social contracts，and relationship outcomes ［J］. Journal of Marketing Research，2007，44（3）：425－433.

［134］Henseler J，Ringle C M，Sarstedt M. A new criterion for assessing discriminant validity in variance-based structural equation modeling ［J］. Journal of the Academy of Marketing Science，2015，43（1）：115－135.

［135］Higgins E T，Friedman R S，Harlow R E et al. Achievement orientations from subjective histories of success：Promotion pride versus prevention pride ［J］. European Journal of Social Psychology，2001，31（1）：3－23.

[136] Highsmith J. Agile project management: Creating innovative products [M]. Pearson Education, 2009.

[137] Hirschman A O. Development projects observed [M]. Brookings Institution Press, 2014.

[138] Hoegl M, Parboteeah P. Autonomy and teamwork in innovative projects [J]. Human Resource Management, 2006, 45 (1): 67 – 79.

[139] Hsieh L H Y, Rodrigues S B, Child J. Risk perception and post-formation governance in international joint ventures in taiwan: The perspective of the foreign partner [J]. Journal of International Management, 2010, 16 (3): 288 – 303.

[140] Hu L, Bentler P M. Cutoff criteria for fit indexes in covariance structure analysis: Conventional criteria versus new alternatives [J]. Structural Equation Modeling-A Multidisciplinary Journal, 1999, 6 (1): 1 – 55.

[141] Huang M C, Chiu Y. P. Relationship governance mechanisms and collaborative performance: A relational life-cycle perspective [J]. Journal of Purchasing and Supply Management, 2018, 24 (3): 260 – 273.

[142] Hughes D L, Dwivedi Y K, Rana N P et al. Information systems project failure-analysis of causal links using interpretive structural modelling [J]. Production Planning & Control, 2016, 27 (16): 1313 – 1333.

[143] Idson L C, Liberman N, Higgins E T. Distinguishing gains from nonlosses and losses from nongains: A regulatory focus perspective on hedonic intensity [J]. Journal of Experimental Social Psychology, 2000, 36 (3): 252 – 274.

[144] Isett K R, Provan K G. The evolution of dyadic interorganizational relationships in a network of publicly funded nonprofit agencies [J]. Journal of Public Administration Research and Theory: J-PART, 2005, 15 (1): 149 – 165.

[145] Jackson S E, May K E, Whitney K et al. Understanding the dynamics of diversity in decision-making teams [J]. Team Effectiveness and Decision Making in Organizations, 1995, 204: 261.

[146] Jagtap M, Kamble S. Evaluating the modus operandi of construction supply chains using organization control theory [J]. International Journal of Construction

Supply Chain Management, 2015, 5 (1): 16 – 33.

[147] Janssen M, van Der Voort H, van Veenstra A F. Failure of large transformation projects from the viewpoint of complex adaptive systems: Management principles for dealing with project dynamics [J]. Information Systems Frontiers, 2015, 17 (1): 15 – 29.

[148] Jelodar M B, Yiu T W, Wilkinson S. Systematic representation of relationship quality in conflict and dispute: For construction projects: 1 [J]. Construction Economics and Building, 2015, 15 (1): 89 – 103.

[149] Johansson S, Löfström M, Ohlsson Ö. Separation or integration? a dilemma when organizing development projects [J]. International Journal of Project Management, 2007, 25 (5): 457 – 464.

[150] Johnson P D, Smith M B, Wallace J C et al. A review of multilevel regulatory focus in organizations [J]. Journal of Management, 2015, 41 (5): 1501 – 1529.

[151] Jones T, Dacin P A, Taylor S F. Relational damage and relationship repair: A new look at transgressions in service relationships [J]. Journal of Service Research, 2011, 14 (3): 318 – 339.

[152] Kadefors A. Trust in project relationships—Inside the black box [J]. International Journal of Project Management, 2004, 22 (3): 175 – 182.

[153] Kahneman D, Tversky A. Prospect theory-analysis of decision under risk [J]. Econometrica, 1979, 47 (2): 263 – 291.

[154] Kam T K. Implicit theories and the trust repair process [C]//22nd annual IACM conference paper, 2009.

[155] Kapsali M. Systems thinking in innovation project management: A match that works [J]. International Journal of Project Management, 2011, 29 (4): 396 – 407.

[156] Kaufmann P J, Stern L W. Relational exchange norms, perceptions of unfairness, and retained hostility in commercial litigation [J]. Journal of Conflict Resolution, 1988, 32 (3): 534 – 552.

[157] Kerzner H. Project recovery: Case studies and techniques for overco-

ming project failure [M]. John Wiley & Sons, 2014.

[158] Kim K. On interfirm power, channel climate, and solidarity in industrial distributor-supplier dyads [J]. Journal of the Academy of Marketing Science, 2000, 28 (3): 388 –405.

[159] Korczynski M. Low trust and opportunism In action: Evidence on interfirm relations from the british engineering construction industry [J]. Journal of Industry Studies, 1994, 1 (2): 43 –64.

[160] Kotter J P. Managing external dependence [J]. The Academy of Management Review, 1979, 4 (1): 87.

[161] Kreiner K. Conflicting notions of a project: The battle between Albert O. Hirschman and Bent flyvbjerg [J]. Project Management Journal, 2020, 51 (4): 400 –410.

[162] Acharya B. Questionnaire design [J]. Central Department of Population Studies, 2010: 2 –3.

[163] Kumar N, Scheer L K, Steenkamp Jan-Benedict E M. The effects of supplier fairness on vulnerable resellers [J]. Journal of Marketing Research, 1995, 32 (1): 54 –65, 348 –356.

[164] Laan A, Voordijk H, Dewulf G. Reducing opportunistic behaviour through a project alliance [J]. International Journal of Managing Projects in Business, 2011, 4 (4): 660 –679.

[165] Lanaj K, Chang C H (Daisy), Johnson R E. Regulatory focus and work-related outcomes: A review and meta-analysis [J]. Psychological Bulletin, 2012, 138 (5): 998 –1034.

[166] Lau E, Rowlinson S. Interpersonal trust and inter-firm trust in construction projects [J]. Construction Management and Economics, 2009, 27 (6): 539 –554.

[167] Lehtiranta L. Risk perceptions and approaches in multi-organizations: A research review 2000 – 2012 [J]. International Journal of Project Management, 2014, 32 (4): 640 –653.

[168] Lehtonen P, Martinsuo M. Integrating the change program with the parent organization [J]. International Journal of Project Management, 2009, 27 (2):

154 – 165.

[169] Lenfle S. Floating in space? on the strangeness of exploratory projects [J]. Project Management Journal, 2016, 47 (2): 47 – 61.

[170] Lenfle S, Midler C, Hällgren M. Exploratory projects: From strangeness to theory [J]. Project Management Journal, 2019, 50 (5): 519 – 523.

[171] Ligthart R, Oerlemans L, Noorderhaven N. In the shadows of time: A case study of flexibility behaviors in an interorganizational project [J]. Organization Studies, 2016, 37 (12): 1721 – 1743.

[172] Lim C S, Mohamed M Z. Criteria of project success: an exploratory reexamination [J]. International Journal of Project Management, 1999, 17 (4): 243 – 248.

[173] Ling F Y Y, Ong S Y, Ke Y et al. Drivers and barriers to adopting relational contracting practices in public projects: Comparative study of beijing and sydney [J]. International Journal of Project Management, 2014, 32 (2): 275 – 285.

[174] Liu Y, Li Y, Shi L H et al. Knowledge transfer in buyer-supplier relationships: The role of transactional and relational governance mechanisms [J]. Journal of Business Research, 2017, 78: 285 – 293.

[175] Liu Y, Liu T, Li Y. How to inhibit a partner's strong and weak forms of opportunism: Impacts of network embeddedness and bilateral TSIs [J]. Industrial Marketing Management, 2014, 43 (2, SI): 280 – 292.

[176] Liu Y, Yuan L, Tao L et al. Relationship stability, trust and relational risk in marketing channels: Evidence from china [J]. Industrial Marketing Management, 2008, 37 (4): 432 – 446.

[177] Love P E D, Davis P R, Cheung S O et al. Causal discovery and inference of project disputes [J]. Ieee Transactions On Engineering Management, 2011, 58 (3): 400 – 411.

[178] Lu S, Hao G. The influence of owner power in fostering contractor cooperation: Evidence from China [J]. International Journal of Project Management, 2013, 31 (4): 522 – 531.

［179］ Lü P, Qian L, Chu Z et al. Role of opportunism and trust in construction projects: Empirical evidence from China ［J］. Journal of Management in Engineering, 2016, 32 （2）: 1 – 10.

［180］ Lui S, Ngo H. The role of trust and contractual safeguards on cooperation in non-equity alliances ［J］. Journal of Management, 2004, 30 （4）: 471 – 485.

［181］ Lundin R A, Söderholm A. Conceptualizing a projectified society discussion of an eco-institutional approach to a theory on temporary organisations ［C］. Boston, MA: Springer US, 1998: 13 – 23.

［182］ Luo Y. Opportunism in inter-firm exchanges in emerging markets ［J］. Management and Organization Review, 2006, 2 （1）: 121 – 147.

［183］ Lusch R F, Brown J R. A modified model of power in the marketing channel ［J］. Journal of Marketing Research, 1982, 19 （3）: 312 – 323.

［184］ Lynch P, O'Toole T, Biemans W. From conflict to crisis in collaborative NPD ［J］. Journal of Business Research, 2014, 67 （6）: 1145 – 1153.

［185］ Macedo I M, Pinho J C, Silva A M. Revisiting the link between mission statements and organizational performance in the non-profit sector: The mediating effect of organizational commitment ［J］. European Management Journal, 2016, 34 （1）: 36 – 46.

［186］ Magnusson M, Boccardelli P, Börjesson S. Managing the Efficiency-Flexibility tension in innovation: Strategic and organizational aspects ［J］. Creativity and Innovation Management, 2009, 18 （1）: 2 – 7.

［187］ Malherbe M. Cooperating in interorganizational innovation projects: Toward a better understanding of coupling with the permanent ecosystem ［J］. International Journal of Project Management, 2022, 40 （8）: 871 – 885.

［188］ Maloni M, Benton W C. Power influences in the supply chain ［J］. Journal of Business Logistics, 2000, 21 （1）: 49.

［189］ Manning S. The rise of project network organizations: Building core teams and flexible partner pools for interorganizational projects ［J］. Research Policy, 2017, 46 （8）: 1399 – 1415.

［190］ Manning S, Sydow J. Projects, paths, and practices: Sustaining and leveraging project-based relationships [J]. Industrial and Corporate Change, 2011, 20 (5): 1369 – 1402.

[191] Mansfield N, Ugwu O, Doran T. Causes of delay and cost overruns in nigerian construction projects [J]. International Journal of Project Management, 1994, 12 (4): 254 – 260.

[192] Martinsuo M, Lehtonen P. Project autonomy in complex service development networks [J]. International Journal of Managing Projects in Business, 2009, 2 (2): 261 – 281.

[193] Meng X. The effect of relationship management on project performance in construction [J]. International Journal of Project Management, 2012, 30 (2): 188 – 198.

[194] Meng X, Sun M, Jones M. Maturity model for supply chain relationships in construction [J]. Journal of Management In Engineering, 2011, 27 (2): 97 – 105.

[195] Meyer J W, Rowan B. Institutionalized organizations: Formal structure as myth and ceremony [J]. American Journal of Sociology, 1977, 83 (2): 340 – 363.

[196] Midler C. Crossing the valley of death: Managing the when, what, and how of innovative development projects [J]. Project Management Journal, 2019, 50 (4): 447 – 459.

[197] Miller C C, Cardinal L B, Glick W H. Retrospective reports in organizational research: A reexamination of recent evidence [J]. Academy of Management Journal, 1997, 40 (1): 189 – 204.

[198] Mohamed K A, Khoury S S, Hafez S M. Contractor's decision for bid profit reduction within opportunistic bidding behavior of claims recovery [J]. International Journal of Project Management, 2011, 29 (1): 93 – 107.

[199] Mok K Y, Shen G Q, Yang J. Stakeholder management studies in mega construction projects: A review and future directions [J]. International Journal of Project Management, 2015, 33 (2): 446 – 457.

[200] Molwus J J, Erdogan B, Ogunlana S O. Sample size and model fit

indices for structural equation modelling (SEM): The case of construction manage ment research [C]//ICCREM 2013. Karlsruhe, Germany: American Society of Civil Engineers, 2013: 338 - 347.

[201] Morgan R M, Hunt S D. The commitment-trust theory of relationship marketing [J]. Journal of Marketing, 1994, 58 (3): 20 - 38.

[202] Müller R, Turner R. Leadership competency profiles of successful project managers [J]. International Journal of Project Management, 2010, 28 (5): 437 - 448.

[203] Nicklich M, Braun T, Fortwengel J. Forever a profession in the making? the intermediate status of project managers in germany [J]. Journal of Professions and Organization, 2021, 7 (3): 374 - 394.

[204] Nicolini D. Practice theory, work, and organization: An introduction [M]. First Edition edition. Oxford: Oxford University Press, 2013.

[205] Olsson N O E. Management of flexibility in projects [J]. International Journal of Project Management, 2006, 24 (1): 66 - 74.

[206] Pargar F, Kujala J, Aaltonen K et al. Value creation dynamics in a project alliance [J]. International Journal of Project Management, 2019, 37 (5): 716 - 730.

[207] Park S H, Ungson G R. Interfirm rivalry and managerial complexity: A conceptual framework of alliance failure [J]. Organization Science, 2001, 12 (1): 37 - 53.

[208] Pemsel S, Söderlund J. Who's got the time? temporary organising under temporal institutional complexity [M]//Braun T, Lampel J et al. Research in the Sociology of Organizations. Emerald Publishing Limited, 2020: 127 - 150.

[209] Pennington G L, Roese N J. Regulatory focus and temporal distance [J]. Journal of Experimental Social Psychology, 2003, 39 (6): 563 - 576.

[210] Ping L, Shuping G, Lamei Q et al. The effectiveness of contractual and relational governances in construction projects in China [J]. International Journal of Project Management, 2015, 33 (1): 212 - 222.

[211] Pinto J, Slevin D, English B. Trust in projects: An empirical assessment

of owner/contractor relationships [J]. International Journal of Project Management, 2009, 27: 638 - 648.

[212] Plambeck E L, Zenios S A. Performance-based incentives in a dynamic principal-agent model [J]. Manufacturing & Service Operations Management, 2000, 2 (3): 240 - 263.

[213] Prabhakar G P. What is project success: A literature review: 9 [J]. International Journal of Business and Management, 2009, 3 (9): 3.

[214] Provan K, Beyer J, Kruytbosch C. Environmental linkages and power in resource dependent relations between organizations [J]. Administrative Science Quarterly, 1980, 25: 200.

[215] Pruitt D G, Kimmel M J. Twenty years of experimental gaming: Critique, synthesis, and suggestions for the future [J]. Annual Review of Psychology, 1977, 28 (1): 363 - 392.

[216] Reinartz W, Haenlein M, Henseler J. An empirical comparison of the efficacy of covariance-based and variance-based SEM [J]. International Journal of Research in Marketing, 2009, 26 (4): 332 - 344.

[217] Rezabakhsh B, Bornemann D, Hansen U et al. Consumer power: A comparison of the old economy and the internet economy [J]. Journal of Consumer Policy, 2006, 29 (1): 3 - 36.

[218] Roehrich J K, Lewis M A. Towards a model of governance in complex (product-service) inter-organizational systems [J]. Construction Management and Economics, 2010, 28 (11): 1155 - 1164.

[219] Rokkan A, Heide J, Wathne K. Specific investments in marketing relationships: Expropriation and bonding effects [J]. Journal of Marketing Research, 2003, 40 (2): 210 - 224.

[220] Sætre A S, van de Ven A. Generating theory by abduction [J]. Academy of Management Review, 2021, 46 (4): 684 - 701.

[221] Sage D, Dainty A, Brookes N. A critical argument in favor of theoretical pluralism: Project failure and the many and varied limitations of project management [J]. International Journal of Project Management, 2014, 32 (4): 544 - 555.

[222] Shepherd D A, Kuratko D F. The death of an innovative project: How grief recovery enhances learning [J]. Business Horizons, 2009, 52 (5): 451 – 458.

[223] Shi C, Chen Y, You J et al. Asset specificity and contractors' opportunistic behavior: Moderating roles of contract and trust [J]. Journal of Management in Engineering, 2018, 34 (5): 04018026.

[224] Smith W K, Lewis M W. Toward a theory of paradox: A dynamic equilibrium model of organizing [J]. Academy of Management Review, 2011, 36 (2): 381 –403.

[225] Stam D A, Van Knippenberg D, Wisse B. The role of regulatory fit in visionary leadership [J]. Journal of Organizational Behavior, 2010, 31 (4): 499 – 518.

[226] Strahorn S, Thayaparan G, Brewer G. Mechanisms of trust and trust repair in relational contracting: A multiple perspective investigation of alliance projects [C]//CIB World Congress 2013, 2013: 5 –9.

[227] Suchman M C. Managing legitimacy: Strategic and institutional approaches [J]. Academy of Management Review, 1995, 20 (3): 571 –610.

[228] Suprapto M, Bakker H L M, Mooi H G. Relational factors in ownercontractor collaboration: The mediating role of teamworking [J]. International Journal of Project Management, 2015, 33 (6): 1347 –1363.

[229] Sydow J, Braun T. Projects as temporary organizations: An agenda for further theorizing the interorganizational dimension [J]. International Journal of Project Management, 2018, 36 (1): 4 –11.

[230] Sydow J, Windeler A. Temporary organizing and permanent contexts [J]. Current Sociology, 2020, 68 (4): 480 –498.

[230] Takashima R, Yagi K, Takamori H. Government guarantees and risk sharing in public-private partnerships [J]. Review of Financial Economics, 2010, 19 (2): 78 –83.

[232] Tatikonda M V, Rosenthal S R. Successful execution of product development projects: Balancing firmness and flexibility in the innovation process

[J]. Journal of Operations Management, 2000, 18 (4): 401 - 425.

[233] Teimoury E, Fesharaki M, Bazyar A. The relationship between mediated power asymmetry, relational risk perception, and governance mechanism in new product development relationships [J]. Journal of Research in Interactive Marketing, 2010, 4 (4): 296 - 315.

[234] Teo T S H, Srivastava S C, Jiang L. Trust and electronic government success: An empirical study [J]. Journal of Management Information Systems, 2008, 25 (3): 99 - 131.

[235] Tidström A, Åhman S. The process of ending inter-organizational cooperation [J]. Journal of Business & Industrial Marketing, 2006, 21 (5): 281 - 290.

[236] Tillement S, Garcias F, Minguet G et al. Disentangling exploitation and exploration in hybrid projects: The case of a new nuclear reactor development [J]. Project Management Journal, 2019, 50 (5): 538 - 553.

[237] Timo B, Lampel J. Tensions and paradoxes in temporary organising: Mapping the field [J]. Research in the Sociology of Organizations, 2020, 67: 1 - 13.

[238] Tuncdogan A, van Den Bosch F, Volberda H. Regulatory focus as a psychological micro-foundation of leaders' exploration and exploitation activities [J]. The Leadership Quarterly, 2015, 26 (5): 838 - 850.

[239] Turkulainen V, Ruuska I, Brady T et al. Managing project-to-project and project-to-organization interfaces in programs: Organizational integration in a global operations expansion program [J]. International Journal of Project Management, 2015, 33 (4): 816 - 827.

[240] Veland H, Aven T. Risk communication in the light of different risk perspectives [J]. Reliability Engineering & System Safety, 2013, 110: 34 - 40.

[241] Verschoore J R, Wegner D, Balestrin A. The evolution of collaborative practices in small-firm networks: A qualitative analysis of four brazilian cases [J]. International Journal of Management Practice, 2015, 8 (2): 152 - 168.

[242] Voss G, Cable D, Voss Z. Linking organizational values to relationships

with external constituents: A study of nonprofit professional theatres [J]. Organization Science, 2000, 11 (3): 330 – 347.

[243] Wang Q, Craighead C W, Li J J. Justice served: Mitigating damaged trust stemming from supply chain disruptions [J]. Journal of Operations Management, 2014, 32 (6): 374 – 386.

[244] Wang Q, Li J J, Ross W T et al. The interplay of drivers and deterrents of opportunism in buyer-supplier relationships [J]. Journal of the Academy of Marketing Science, 2013, 41 (1): 111 – 131.

[245] Wang J, Yuan H. Factors affecting contractors' risk attitudes in construction projects: Case study from China [J]. International Journal of Project Management, 2011, 29 (2): 209 – 219.

[246] Warfield J N. Developing interconnection matrices in structural modeling [J]. IEEE Transactions on Systems, Man, and Cybernetics, 1974, SMC – 4 (1): 81 – 87.

[247] Wathne K H, Heide J B. Opportunism in interfirm relationships: Forms, outcomes, and solutions [J]. Journal of Marketing, 2000, 64 (4): 36 – 51.

[248] Watson R H. Interpretive structural modeling—A useful tool for technology assessment? [J]. Technological Forecasting and Social Change, 1978, 11 (2): 165 – 185.

[249] Willems T, van Marrewijk A, Kuitert L et al. Practices of isolation: The shaping of project autonomy in innovation projects [J]. International Journal of Project Management, 2020, 38 (4): 215 – 228.

[250] Williams P, Ashill N J, Naumann E et al. Relationship quality and satisfaction: Customer-perceived success factors for on-time projects [J]. International Journal of Project Management, 2015, 33 (8): 1836 – 1850.

[251] Winkler H, Schemitsch H B. Selection of partners and configuration of business relations in project based supply chain networks [M]//Engelhardt-Nowitzki C, Nowitzki O, Zsifkovits H et al. Supply Chain Network Management. Wiesbaden: Gabler, 2010: 133 – 148.

［252］Wu I L，Chuang C H，Hsu C H. Information sharing and collaborative behaviors in enabling supply chain performance：A social exchange perspective ［J］. International Journal of Production Economics，2014，148：122 – 132.

［253］Wu C L，Fang D P，Liao P C et al. Perception of corporate social responsibility：The case of chinese international contractors ［J］. Journal of Cleaner Production，2015，107：185 – 194.

［254］Xavier Molina-Morales F，Belso-Martínez J A，Más-Verdú F et al. Formation and dissolution of inter-firm linkages in lengthy and stable networks in clusters ［J］. Journal of Business Research，2015，68（7）：1557 – 1562.

［255］Xiang P，Zhou J，Zhou X et al. Construction project risk management based on the view of asymmetric information ［J］. Journal of Construction Engineering and Management，2012，138（11）：1303 – 1311.

［256］Xu J，Smyth H，Zerjav V. Towards the dynamics of trust in the relationship between project-based firms and suppliers ［J］. International Journal of Project Management，2021，39（1）：32 – 44.

［257］Yan A，Gray B. Bargaining power，management control，and performance in United States-China joint ventures：A comparative case study ［J］. Academy of Management Journal，1994，37（6）：1478 – 1517.

［258］Yang J，Xie H，Wang J et al. Performance implication of supplier relationship quality：A structural analysis ［J］. Benchmarking：An International Journal，2020，28（1）：28 – 41.

［259］Yeo K T. Critical failure factors in information system projects ［J］. International Journal of Project Management，2002，20（3）：241 – 246.

［260］Yin R K. Case study research：Design and methods ［M］. Sage，2009.

［261］Zeng F，Chen Y，Dong M C et al. Understanding distributor opportunism in a horizontal network ［J］. Industrial Marketing Management，2015，46：171 – 182.

［262］Zhang L，Huang S，Peng Y. Collaboration in integrated project delivery：The effects of trust and formal contracts ［J］. Engineering Management Journal，2018，30（4）：262 – 273.

[263] Zhang L Y, Li F. The impact of risk perception on developing incentive systems for relational contracting [J]. Ksce Journal of Civil Engineering, 2015, 19 (5): 1203 – 1213.

[264] Zhang L, Qian Q. How mediated power affects opportunism in ownercontractor relationships: The role of risk perceptions [J]. International Journal of Project Management, 2017, 35 (3): 516 – 529.

[265] Zhao X, Huo B, Flynn B B et al. The impact of power and relationship commitment on the integration between manufacturers and customers in a supply chain [J]. Journal of Operations Management, 2008, 26 (3): 368 – 388.

[266] Zhao X, Lynch J G, Chen Q. Reconsidering baron and kenny: Myths and truths about mediation analysis [J]. Journal of Consumer Research, 2010, 37 (2): 197 – 206.

[267] Zuber F. Spread of unethical behavior in organizations: A dynamic social network perspective [J]. Journal of Business Ethics, 2015, 131 (1): 151 – 172.